AF343576

FRANCIS DE CROISSET

La Vie parisienne au THÉÂTRE

GRASSET

12ᵉ Édition

LA VIE PARISIENNE
AU THÉATRE

DU MÊME AUTEUR :

POÉSIES

Les Nuits de Quinze ans (Paul Ollendorf).

THÉATRE (Ernest Flammarion).

Tome   I. — D'un Jour à l'autre ; Chérubin ; La Bonne intention ;
Par Politesse.

Tome II. — Le Bonheur, Mesdames ; Les deux Courtisanes ;
Le Cœur dispose.

Tome III. — L'Epervier ; Le Feu du Voisin ; Ne dites pas : Fontaine...

Tome IV. — Le Paon ; Le Je ne sais quoi (en collaboration avec
Maurice de Waleffe) ; Tout est bien (en collaboration avec Abel Tarride).

Tome V. — Arsène Lupin (en collaboration avec Maurice
Leblanc) ; La Passerelle (en collaboration avec
Mme Fred Grésac).

En collaboration avec Robert de Flers (Ernest Flammarion)

Le Retour.
Les Vignes du Seigneur.
Les Nouveaux Messieurs.
Romance.

ESSAIS ET ETUDES

Nos Marionnettes (Editions de France).
Pour la Langue Française (Plon-Nourrit et Cie).
L'Invasion au Théâtre (Les Amis d'Edouard).
Le Souvenir de Robert de Flers (Les Portiques).

ROMAN

La Flerte Cinghalaise (Bernard Grasset).

A PARAITRE

THÉATRE : *Ciboulette* (en collaboration. avec Robert de Flers).
Le Docteur Miracle (en collaboration avec Robert de Flers).

ROMAN : *Nous avons fait un beau voyage* (Bernard Grasset).

FRANCIS DE CROISSET

LA VIE PARISIENNE

AU THÉATRE

PARIS

BERNARD GRASSET

61, RUE DES SAINTS-PÈRES

A Monsieur RENÉ DOUMIC

à qui je dois d'avoir écrit ce petit livre

en reconnaissant et admiratif Hommage.

I

PARISIENS D'AUTREFOIS

Einstein nous apprend que le temps n'existe pas et nous en sommes persuadés, mais nous continuons, néanmoins, à diviser d'une manière peu philosophique le temps par siècles, ce qui est bien commode, et, ce qui est moins philosophique encore, nous sommes dupes nous-mêmes de ces conventions, ce qui, d'ailleurs, est bien commode aussi.

Ces frontières illusoires n'ont pas cessé de nous intimider. Nous admettons qu'il existe des siècles différents ; ils offrent à nos yeux une physionomie propre et, bien qu'ils ne soient séparés les uns des autres que par un jeu de l'esprit, nous ne les confondons jamais, tant nous réussissons à les trouver dissemblables. Peut-être le sont-ils, en effet.

Il existe évidemment une architecture et un ameublement du xve, du xviie, du xviiie et, en littérature, un style propre à chacun de ces siècles. Le xvie siècle, cependant, ne s'arrête pas plus au xviie qu'en dépit de la Révolution le xviiie au xixe. En France, qui demeure le pays le plus attaché à ses traditions, les lois changent vite, mais les mœurs se transforment lentement.

Les hommes de ma génération, qui ont connu l'avant-guerre, savent que le siècle dans lequel nous vivons n'a commencé que vers 1920. Pourtant, je me souviens qu'à la fin du siècle dernier, lorsque l'on voulait accuser quelqu'un d'être audacieusement moderne, l'on s'écriait avec une admiration au demeurant péjorative : « En voilà un qui est vingtième siècle ! » Que ce XXe siècle-là nous semble aujourd'hui peu à la page !

Aussi, en relisant ces jours derniers le théâtre de la Vie Parisienne — et je m'efforcerai de définir ce que j'entends par là — en feuilletant ce théâtre souriant qui, se souvenant de Marivaux et des proverbes d'Alfred de Musset, va de Meilhac et Halévy à Pailleron ; en relisant même certaines comédies que Capus, Maurice Donnay, Henri Lavedan, Abel Hermant, Marcel Prévost, Flers et Caillavet, Veber, Coolus, Sacha Guitry, Nozière écrivirent jusqu'à la guerre, j'ai cru un instant m'apercevoir que toutes ces pièces semblaient elles aussi appartenir à la même époque. Une époque très lointaine et toute proche, où il y avait encore des cafés littéraires et des chevaux, des dilettantes et des causeurs, des valses et des cheveux longs, des préjugés et de la galanterie ; une époque candide où l'on écrivait encore — la force de l'habitude ! — des lettres d'amour, au lieu de téléphoner ; où les jeunes filles n'étaient pas des athlètes complets, où il existait une si grande différence entre un homme et une femme que l'on parvenait à distinguer leurs sexes au premier coup d'œil, une époque où il y avait de grandes dames qui n'écrivaient pas et même qui ne tenaient pas boutique, — une époque où il y avait des petites femmes qui coûtaient très cher à de vieux messieurs et de grandes courtisanes qui ne coûtaient rien du tout à des petits jeunes gens, bref une époque où la société avait encore des cadres; une époque où les théâtres avaient des troupes, les cabarets des habitués, où il n'était pas besoin de connaître plusieurs langues étrangères pour habiter Paris, enfin une époque où il y avait encore des Parisiens et un théâtre de la Vie Parisienne !

Mais si, à nouveau, je considère les pièces de ce temps-là avec mes yeux d'autrefois, avec mes yeux d'il il y a dix ans, je ne suis plus dupe de leur apparente ressemblance. Au contraire, je constate entre ces comédies des différences essentielles. J'aperçois même qu'elles suivent des gradations logiques, car les mœurs qui s'y reflètent ont changé.

Ce qui a pu tout d'abord me tromper, et qui trompera sans doute les générations de demain lorsqu'elles reliront ce théâtre, c'est l'atmosphère attique dont il est imprégné, ce parfum subtil qu'il dégage, un je ne sais quoi que précisément l'on ne trouve que dans le théâtre de la Vie Parisienne.

Ce théâtre particulier à la seconde moitié du XIXe siècle n'a, je pense, trouvé son expression qu'avec Meilhac et Halévy. Tel était l'avis de Francisque Sarcey, tel aussi l'avis de Jules Lemaître et de Robert de Flers, et tous trois s'y connaissaient.

Reportons-nous à ce Paris de 1850 où Meilhac et Halévy ont vécu à vingt ans, et que Pailleron, ébloui, regardait de ses yeux de seize ans. C'est ce Paris-là qu'il faut se remettre en mémoire pour bien comprendre le théâtre de la Vie Parisienne.

Si on le compare à notre grande ville cosmopolite, il semble tout petit et quasi provincial.

Paris ne comprenait que douze quartiers. Il a donc presque doublé depuis.

Chaillot, Passy, Auteuil, les Batignolles, la Chapelle, la Villette, Montrouge, Belleville, Vincennes, autant de villages, et de villages séparés.

La rive gauche offrait à peu près son état actuel. La Plaine Monceau était un terrain de cultures et de vignes. Même il y poussait un petit raisin qui, ait-on, n'était pas négligeable ! Les enfants jouaient aux billes Boulevard Haussmann, où l'herbe croissait entre les pavés. Le Champ-de-Mars était un champ de manœuvres. On chassait rue d'Amsterdam ; on tirait des perdreaux rue de Londres ; le long de la rue de Rome, des vaches paissaient.

Paris s'arrêtait rue Saint-Lazare. L'on a peine à se figurer tout cela.

Il n'y avait guère que quatre ou cinq grands journaux. Il n'y avait que quelques théâtres — ils faisaient tous recette. C'était l'époque de Rachel et de Frédéric Lemaître.

C'était une époque heureuse. La Révolution et ses horreurs étaient oubliées. La France était prospère, brillante. Les deuils des conquêtes de l'Empire étaient consolés, l'on ne se souvenait que de leur gloire. Nous avions eu quelques guerres, mais faciles et lointaines. De 1850 à 1870, la grande préoccupation fut de s'amuser et même, une fois la guerre passée, l'on ne devait pas tarder à renouer cette chaîne de plaisir.

Mais notre ville aux yeux des étrangers qui n'y recherchaient que des distractions — les étrangers ne changent pas — notre ville n'était pas seulement la cité du Plaisir. Elle était l'école du Plaisir. Il y a plusieurs manières de faire la fête. La fête que l'on faisait à Paris était la seule délicate. Aussi provinciaux et étrangers débarquaient-ils à Paris, comme le baron de Gondremark, pour apprendre à faire la fête. L'on s'amusait au Café de Paris et chez Tortoni, au Café Hardi et au Café Riche, au Rocher de Cancale et aux Frères Provençaux, au bal masqué de l'Opéra et aux musettes de la Courtille. L'on apprenait à s'amuser partout. Les professeurs ne manquaient pas. Ils étaient tous en crinoline. C'étaient de belles filles fraîches qui s'appelaient tantôt des filles de marbre, tantôt des Lionnes, tantôt des péripatéticiennes, et gagnaient à ces leçons, qu'elles se faisaient payer fort cher, des cachemires, des chapeaux cabriolets et de minuscules ombrelles, sans préjudice de leurs hôtels, de leurs diamants et de leurs équipages.

Le nom de deux d'entre elles a survécu. L'une s'appelait Lola Montès, une charmeuse, comme l'on disait alors, et qui dansait la cachutcha à la Porte Saint-Martin. Elle jouait aussi la comédie. Elle n'avait aucun talent, mais sa beauté et ses bijoux y suppléaient. Elle a fait école.

L'autre se nommait Marie Duplessis, dont la mort précoce et tragique inspira à Dumas Fils, alors réthoricien, l'idée de la *Dame aux Camélias*.

Ces charmantes filles, sœurs de Métella et de Sapho, débutaient à dix-sept ans, disparaissaient souvent à vingt-cinq, et, à l'exemple de Marie Duplessis, mouraient à l'âge des projets, en demandant pardon à Dieu d'avoir tant aimé le plaisir.

C'étaient de fort jolies doctoresses en péché, pleines de jeunesse, mais d'expérience. Aussi à leurs cours du soir, leurs nombreux élèves faisaient-ils preuve d'une bien grande bonne volonté. Le fait d'être l'amant de l'une d'elles conférait à l'élu une manière d'auréole. Mais, pour accéder à cette élite si restreinte alors du Boulevard, ces succès-là ne suffisaient point. Des qualités ou des dons exceptionnels s'imposaient. Beaucoup d'étudiants étaient recalés à ce baccalauréat du plaisir. Il fallait, pour y être reçu, une grande fortune ou beaucoup d'esprit, beaucoup de talent ou un grand nom. Il fallait s'appeler Roger de Beauvoir ou Alfred de Musset, Lord Seymour ou Alexandre Dumas, Nestor Roqueplan ou Gramont-Caderousse.

C'était une époque pittoresque. Les gens étaient encore costumés. Regardant passer Alfred de Musset, la taille pincée dans une redingote bleu de roi ou vert bouteille, les mollets bombant sous un pantalon de nankin, ses cheveux blond cendré bouclant sous un chapeau évasé, les petites héroïnes de Murger pouvaient murmurer : « Vous avez vu Alfred de Musset ? Vous avez vu sa nouvelle toilette ? »

Au sortir du spectacle, elles rencontraient aussi Dumas Père qui commençait sa soirée, Dumas Père à qui son fils, alors adolescent, avait souvent l'occasion de dire : « Papa, quel enfant vous faites ! » et à qui, j'imagine, Dumas père devait répondre : « Je n'ai jamais pu t'en dire autant. »

Assise dans sa toilette compliquée qu'encadraient calèche ou landau, avec, plus petit que son chapeau haut de forme, le menu tigre juché à l'arrière, chaque femme était un spectacle. Les belles dames dessinées par Constantin Guys se montraient aux piétons et aux cavaliers, protégeant peureusement sous des voiles de gaze « les lys et les roses de leur teint. » L'on ne prenait pas alors de bains de soleil c'était même plutôt le contraire.

Ce temps pouvait se permettre d'être frivole. Tout le monde avait le nécessaire : la grande affaire, c'était le superflu. Aussi, à partir de 1850, se mit-on à attacher infiniment d'importance aux choses qui n'en avaient pas. C'était le temps où la discussion qui divisait le Café de Paris et passionnait la France était de savoir si la cuisine à l'huile était préférable à la cuisine au beurre — la Provence contre le Nord, la cuisine d'Oïl contre la cuisine d'Oc, — le temps où le feuilleton de Gautier avait plus d'importance que la chute du ministère et ce feuilleton-là était tellement plus imprévu ! — où l'on écrivait de province à la grave rédaction du *Journal des Débats* pour connaître à l'avance le dénouement de *Monte-Christo*.

Après souper, l'on interrompait une danse pour écouter un brillant causeur, ce brillant causeur que M. Gustave Claudin, dans un livre paru en 1880, regrette avec tant d'amertume en s'écriant : « Même dans les cercles les mieux composés de Paris, ce type du monsieur qui savait causer, appuyé sur la cheminée, a disparu ». C'est vrai qu'il a disparu, et la cheminée aussi. Le grand causeur en serait aujourd'hui réduit à s'appuyer sur le radiateur !

Ce Paris-là n'avait pas beaucoup changé depuis l'ancien régime, et les Parisiens non plus, quoi qu'on en dise. Dumas Père n'avait qu'à regarder autour de lui pour écrire les *Trois Mousquetaires*. Ce Marquis de Langle-Beaumanoir n'était pas singulier qui, rencontrant au foyer de l'Opéra son cousin, le marquis du Hallays-Coetquin, s'écrie :

— As-tu remarqué, Gaston, que nous ne nous sommes jamais battus ensemble ?

Et comme Gaston, à sa stupeur, fait la même constatation, le lendemain, les deux adversaires se retrouvent Porte Maillot et du Hallays flanque à Beaumanoir une balle de revolver dans les reins. Et sur la fin de sa vie, Beaumanoir de s'écrier avec extase :

— Ce sacré du Hallays, comme il tirait bien ! J'en boite encore !

Combien tout cela est près et loin de nous ! J'oublie nos autos, nos avions, nos métros. Je ferme les yeux, j'évoque le temps de mon adolescence ; il me semble qu'il ressemblait beaucoup à ce temps-là : des équipages, des postillons poudrés, des messieurs désœuvrés qui portaient de hauts talons et des chapeaux de soie et saluaient, avec une galanterie démodée, de belles dames renversées sur les coussins de leurs voitures ; des duels lyriques, des duels de poètes : Catulle Mendès se battant pour Shakespeare comme, trente ans plus tôt, le grand et généreux Paul de Cassagnac, ce d'Artagnan du Second Empire, se battait pour Marie-Antoinette parce que Rochefort, dans un de ses furieux articles, avait manqué à la reine.

Comment définir toutes ces époques à la fois diverses et ressemblantes, si ce n'est par ces mots : le siècle du Boulevard ?

Mais qu'était-ce que le Boulevard, ce boulevard qu'avait pressenti Rastignac et que les inoubliables héros d'Alphonse Daudet avaient tant parcouru : Numa Roumestan de sa démarche emphatique, le Nabab de son allure cossue et M. de Montpavon de son petit pas hautain, saccadé et désinvolte ?

Le Boulevard, le fameux boulevard où s'attablaient aux terrasses Victor Hugo et Lamartine, Banville et Musset ; le boulevard de Gavarni, de Gérard de Nerval et de Théophile Gautier, de Girardin et du Docteur Véron, de Jules Janin, d'Alphonse Karr et de Paul de Saint-Victor, de Balzac et du Prince de la Moscowa — ce boulevard illustre ne s'étendait que de l'Opéra à la rue Drouot. Cette activité, cette vie qui éblouissaient l'univers étaient ramassées dans cet espace infiniment restreint. Ainsi, lorsque l'on visite l'ancienne Rome, l'on est frappé de l'exiguïté de ce forum sonore. Toute proportion gardée, le boulevard, c'était un peu cela.

Ce qui l'a créé ? Un hasard, l'interdiction des jeux publics du Palais-Royal, lequel, jusqu'en 1837, fut le rendez-vous élégant et frivole de Paris. Les beaux messieurs et leurs demoiselles se dispersèrent mais, peu à peu, une vie nouvelle, très différente de celle du Palais-Royal, se fit jour sur les boulevards. Déjà, des cafés nouveaux s'y étaient ouverts, des boutiques de fleuristes, des cabarets, qui, sans rien offrir d'exceptionnel, se peuplaient peu à peu d'une élite. Un langage spécial s'y formait, dont le code devait varier d'une génération à l'autre, et dont seuls certains Parisiens devaient se transmettre le secret.

Le Boulevard! Tous ceux qui l'ont arpenté, si opposés soient-ils, gardent à nos yeux comme un air de famille. De M. de Morny à Cassagnac, de Scholl à Grosclaude, de Villemessant à Calmette, de Gavarni à Forain, de Meilhac et Halévy à Flers et Caillavet, de Gramont-Caderousse à Alfred Capus, de Maupassant à Abel Hermant, de Sardou à Marcel Prévost, de Musset à Maurice Donnay, de Banville à Lavedan, tous offrent un cousinage. L'atmosphère du Boulevard marque choses et gens de son parfum tenace. On ne la définit pas, on la devine. C'est presque physique : on la sent. Ainsi les voyageurs qui débarquent de Londres gardent l'odeur de là-bas, une odeur particulière de charbon, de tabac blond et de brouillard qui adhère longtemps aux vêtements, aux gants, aux cravates, à tel point que, pour ma part, les yeux fermés, je reconnais dans un salon des insulaires fraîchement débarqués. Mais le parfum du Boulevard ne devait rien à l'Angleterre et fleurait bon le pavé et les marronniers de chez nous.

Que l'ambition de définir est difficile ! Dire tout cela, c'est n'avoir rien dit, car le Boulevard c'était tellement autre chose aussi, et c'était tellement mieux ! C'étaient le rire ou les sifflets de Paris, d'un Paris libéré de la Cour et des salons, qu haussait le ton et, seul, décrétait la mode. Ce n'était pas la première fois. Il y eut, au milieu du dix-septième siècle, une heure où la rue, plèbe, bourgeoisie et noblesse mêlées, fut maîtresse de l'opinion, avec ses pamphlets, ses chansons et ses mazarinades. Deux cents ans plus tard, le Boulevard devait retrouver ce règne impertinent. Le Boulevard, c'était quelque chose comme la Fronde. Sans doute, la mousqueterie était plus bénigne. Les légendes à l'emporte-pièce, les mots fulgurants, les balles de théâtre ne tuaient pas, mais comme tout cela portait! C'étaient des tournois où l'on vous désarçonnait d'un mot comme d'un coup de lance. Ces joutes se tenaient dans les cafés ou dans les salles de rédaction ; elles passèrent du Café de Paris au Café Anglais, et du Charivari au *Figaro*.

C'était Paris, un Paris attirant et qui semblait tout accueillir, mais que défendait, invisible, une frontière vigilante et jalouse ; une petite province facile et gardée qui, sans y prétendre, imposait ses modes au monde entier ; une petite province parisienne dans Paris, spirituelle et sonore et dont l'univers se faisait l'écho ; une petite province étincelante vers laquelle, leurs valises à la main, se dirigeaient, des quatre coins du monde, tous les barons de la finance, tous les princes en vacances et quelques rois déjà en exil !

Il fallait amuser tant de visiteurs opulents, adapter à la scène ce carnaval de l'esprit et du plaisir, donner à ces étrangers qui parlaient toutes les langues de Babel l'illusion qu'ils entendaient le langage de Paris. Il fallait quelque chose de plus gai que les mots, de plus fou ; il fallait cette langue universelle, la musique, mais il fallait quelque chose de plus amusant que les opéras-comiques, — ce qui n'est pas impossible, — et même que les opéras — ce qui n'est pas impossible non plus. Il fallait une musique qui ne se contentât pas d'être jolie, mais qui fût aussi spirituelle : la musique de ce Paris qui blaguait tout et ne se préoccupait de rien, une musique allègre, fantaisiste et un peu déchaînée. Il fallait des sujets amusants et qui, cependant, parvinssent à émouvoir, exigeant ainsi pour librettistes, non seulement des hommes d'esprit, mais des poètes. Il fallait créer des person-

nages vivants pour des intrigues funambulesques. Enfin, il fallait Offenbach et il fallait Meilhac et Halévy.

Que j'aime l'histoire des débuts
d'Offenbach et son jeune destin con-
trarié! L'on ne peut s'empêcher de
sourire en évoquant cet adolescent
gauche, trop maigre, avec ses cheveux longs trop bouclés, ce front trop
haut, ces yeux trop brillants, ce nez
trop pointu et qui, en mal de se faire
jouer, frappant à toutes les portes,
hésitant, incertain et bousculé dans
Paris, s'en allait de ci, de là, tout
saoulé de refrains et comme titubant
de musique!

Après quelques essais et un four
malheureux, c'est-à-dire un four
passé inaperçu — il y a tant de fours
qui rendent célèbre! — il se décida

à faire une tournée de concerts en Europe, lui et son violoncelle. Mais le violoncelle d'Offenbach ne ressemblait à aucun autre et ses concerts étaient particuliers. Ils étaient précédés d'une causerie cocasse et familière et d'imitations de claquettes et de cornemuse qui mettaient le public en joie. Offenbach éprouvait déjà le besoin d'amuser la musique!

Retour à Paris et après quelques tentatives de musique sérieuse — il y a un âge où l'on croit qu'il est important d'être sérieux — il fit recevoir en 1853 aux Variétés un acte intitulé *Pepito* dont l'un des librettistes était Jules Moineau, le père de notre grand Courteline. Ce fut son premier succès au théâtre. Il dirigeait alors l'orchestre de la Comédie-Française, ce qui, j'imagine, devait lui laisser des loisirs et son rêve était de posséder en propre une scène où il pourrait donner libre cours à une fantaisie qui effarait les directeurs, pourtant vaccinés par Hervé. Un théâtre était libre — si l'on peut appeler ainsi une manière de hangar — le théâtre du prestidigitateur-physicien Lacaze, en faillite aux Champs-Elysées. Les Champs-Elysées étaient alors la pleine campagne, et, comme nous le raconte M. Louis Schneider, ce théâtre figurait un entonnoir dans lequel s'engouffraient le vent et la pluie. Les fauteuils étaient de simples gradins et les loges si étroites qu'il fallait en ouvrir la porte si l'on voulait remettre son manteau. Mais qu'importe à Offenbach. Il a vingt-cinq ans, et n'est-ce point l'été, un été favorable entre tous, puisque c'est l'été encombré et brillant de l'exposition de 1855.

Le programme comportait un prologue au titre encourageant : « Entrez Messieurs, Mesdames ». L'un des auteurs, attaché au cabinet du Ministre de l'Intérieur, signait : Jules Servière. Jules Servière, c'était Ludovic Halévy. Lui aussi avait commencé par être sérieux. Il est vrai qu'il avait une excuse, étant né à l'Institut. On serait sérieux à moins ! La pièce de résistance s'appelait *Les Deux Aveugles* et le livret était de Jules Moineau.

Le jour de la générale des Bouffes-Parisiens — tel est le nom dont Offenbach avait baptisé son hangar — *Les deux Aveugles* tombèrent à plat, mais la « générale » a des raisons que le public ne connaît pas et la vogue de la pièce fut telle que Napoléon III, à l'occasion du Congrès de la Paix, fit jouer cette opérette aux Tuileries, devant un parterre d'ambassadeurs. Ainsi Offenbach commençait à remplir sa mission qui était d'amuser l'Europe.

Mais la première pierre de sa voie triomphale fut le *Mariage aux Lanternes*. C'est la première œuvre avec chœurs et finals, où des chanteurs, au rythme de l'action, agissaient comme des êtres vivants et ne se contentaient point de se déposer à l'avant-scène, ronronnants et immobiles comme d'anachroniques gramophones. La pièce était exquise. L'ombre de Mozart la survolait. Déjà Offenbach possédait un vrai théâtre, lequel, continuant à s'appeler les Bouffes-Parisiens, avait emménagé dans Paris. C'est là que devait être donnée la première de *Monsieur Choufleuri restera chez lui*, où le duc de Morny et Ludovic Halévy eurent l'honneur réciproque de collaborer. Mais auparavant les Bouffes-Parisiens représentèrent *Orphée aux Enfers*, de Crémieux et aussi de Ludovic Halévy, lequel nommé secrétaire général de l'Algérie, et de plus en plus officiel sinon sérieux, gardait une fois de plus l'anonymat.

Il faut nous arrêter un instant devant l'affiche irrévérencieuse d'*Orphée aux Enfers*. Cette opérette qui plaisante des héros mythologiques et des dieux de l'Olympe et qui commença par susciter un petit scandale, paraîtrait au public d'aujourd'hui d'autant plus inoffensive que le public d'aujourd'hui ignore, entre autres choses, les héros classiques et la mythologie. Mais, à la vérité, ce scandale ne fut qu'un scandale de presse et celle-ci ne mit point les rieurs de son côté.

Jules Janin, dans les Débats, vitupérait ce qu'il appelait un sacrilège. Un journaliste, Léo Lespès, vint malencontreusement à la rescousse. Il écrivait qu'indigné il avait quitté la représentation pour rentrer chez lui en toute hâte relire du grec et annoter son vieil Homère. Or, le lendemain l'on apprit que Léo Lespès n'avait jamais possédé un Homère, pour la bonne raison qu'il n'entendait pas un mot de grec, — ce qui, pour un annotateur de l'Iliade et de l'Odyssée était plutôt malheureux.

L'on ne saura jamais tout le bien

que l'on peut faire à une pièce en en disant trop de mal.

Si je me suis arrêté au petit scandale factice et au grand succès réel d'*Orphée aux Enfers*, ce n'est point que le livret en soit particulièrement éclatant, mais que cette pièce est en quelque sorte le prélude de toutes les opérettes parodiques et satiriques qu'Offenbach, Meilhac et Halévy devaient écrire en société. Sans doute, ceux-ci n'ont point inventé l'opéra-bouffe parodique. Le véritable créateur du genre est Hervé, Hervé qui fut, je crois, en France, le premier génie bouffe de la musique et dont les livrets dégagent encore de nos jours une extraordinaire saveur comique.

Mais l'opérette satirique de Meilhac et Halévy, qui devait trouver sa formule définitive avec la *Belle Hélène*, se réclame, ne fût-ce que par souci chronologique, d'*Orphée aux Enfers*.

La *Belle Hélène*, dans l'histoire du théâtre de la vie parisienne, est une date, et une date importante. Il est curieux de constater à quel point des œuvres qui, lorsqu'elles parurent, n'ont pas été prises au sérieux, prennent cinquante ans ou cent ans plus tard, un sérieux que des œuvres sérieuses ont perdu.

Pour la première fois, avec la *Belle Hélène*, l'on entendait sur la scène cet esprit narquois, cet esprit frondeur, cet esprit gavroche, — l'esprit du boulevard.

« *La Belle Hélène*, écrivait Jules Lemaître, en 1866, présente déjà un intérêt historique, un intérêt de document. Elle est, avec la *Grande Duchesse* et *Orphée aux Enfers*, l'exemplaire le plus éclatant du seul genre dramatique relativement nouveau qu'ait produit la seconde moitié de ce siècle, la première moitié ayant inventé le drame romantique. »

Jules Lemaître disait vrai. La parodie satirique de la *Belle Hélène* est le fidèle écho de la société d'alors. Ce n'est pas de l'ironie. L'ironie ne fréquente pas l'opérette ; elle s'y sentirait dévoyée et en glacerait le rire familier. L'ironie est trop grande dame. Elle régnait bien avant que ne fut inventé le boulevard. Elle avait été l'amie sagace de Voltaire, l'amie impitoyable de La Rochefoucauld, l'amie railleuse de Beaumarchais, l'amie lucide de Chamfort. Sans doute, dans leurs

comédies, Meilhac et Halévy devaient lui offrir un cadre digne d'elle,
bien qu'ils en fussent parfois réduits
à la recevoir sur un canapé de cabinet particulier ou sur le pouf d'un
boudoir de cocotte. Mais ses deux
hôtes l'accueillaient avec tant de
bonne grâce et tant d'élégance naturelle que, non seulement chez eux
l'ironie se sentit chez elle, mais qu'elle
en devint soudain aimable, bienveil-
lante et toute attendrie. Cela n'était
point dans sa manière ; elle avait
accoutumé à plus de sévérité, une
sévérité parfois féroce. En attendant,
elle n'était pas fâchée de pouvoir se
détendre un peu : elle avait le pres-
sentiment qu'elle se rattraperait chez
Henri Becque! Mais depuis si longtemps on l'avait contrainte à se mon-
trer plus irritée que malicieuse et

plus acerbe que plaisante, depuis si longtemps elle portait un masque qu'elle n'était pas fâchée de pouvoir porter un loup!

Soudain, l'on s'aperçut que l'ironie pouvait avoir un joli sourire, un sourire plein de pitié et parfois des yeux pleins de larmes... Tout le monde comprit alors ce que savaient déjà quelques-uns que si l'ironie se masquait c'était moins par orgueil que par timidité et, en quelque sorte, par pudeur. C'était pour cacher une sensibilité trop délicate, une indignation trop généreuse et parfois même de la vraie douleur, car, n'en déplaise aux étrangers, chez nous c'est moins l'esprit que le cœur qui a inventé l'ironie.

Mais la Muse qui inspirait les opérettes de Meilhac et Halévy, qui en amusait et en fouettait le dialogue, n'était ni aussi fière, ni aussi compliquée. Ce n'était pas une grande dame, c'était une petite femme, avec un nez retroussé, des yeux rieurs et tout l'esprit de Paris.

Quand elle avait du chagrin, elle ne le cachait pas : elle se consolait tout de suite en se mettant à chanter. Elle n'avait pas les manières des salons, moins encore le ton des cours. Elle avait volontiers l'accent de la rue et, quand elle s'indignait, c'était les poings sur la hanche, à la manière de Madame Angot.

Lorsque, sous les traits de la Périchole ou de la Grande Duchesse de Gérolstein, on la voyait paraître sur la scène, on s'écriait : « Quelle bonne fille! » Mais on aurait eu tort de s'y fier : cette bonne fille-là avait bec et ongles. Seulement elle avait une manière à elle de se mettre en colère, une manière si amusante et si cordiale tout à la fois, qu'elle désarmait la rancune. Elle avait de la race tout de même, du chic et beaucoup de cran. Mais elle était joviale, fantasque, fantaisiste et familière et ne dédaignait pas, les soirs de fête, d'aller danser avec Gavroche. Cette petite femme-là ce n'était pas l'ironie, c'était sa sœur un peu débraillée : c'était la blague.

La blague, c'est donc l'ironie du boulevard et voilà, entre autres choses, ce qu'avait inventé le théâtre de Meilhac et Halévy et qui ajoute souvent tant de grâce malicieuse aux comédies de Pailleron.

Mais ce qui caractérise le théâtre de la Vie Parisienne, ce n'est pas uniquement qu'il ait surmonté le fronton du théâtre de ce panache impertinent : la blague ; ce serait trop peu de chose et ne suffirait pas à justifier son importance. Ce qui explique sa durée, ce qui fait que Jules Lemaître et Robert de Flers parlaient de ces pièces, en apparence frivoles, avec autant de respect, c'est qu'elles sont, non seulement dans la meilleure manière française, mais dans la plus pure tradition classique. Si j'en excepte, je ne dirai pas certains proverbes, mais certains personnages des proverbes de Musset, l'on s'aperçoit, en relisant les comédies de Meilhac et Halévy que, depuis Marivaux, l'on n'avait pas respiré au théâtre une atmosphère aussi insouciante, aussi aimable et, si je ne craignais d'employer un mot discrédité, aussi distinguée. L'on y trouve une indulgence, un certain détachement, un libertinage de bon ton, une mesure, un goût, une sagesse de sentiment sans grande espérance mais sans grands désespoirs, une manière de sentir et de vivre jolie, facile, narquoise, qui renoue avec la tradition du XVIIIe siècle. Cette heureuse respiration, et, pour tout dire, ce savoir-vivre, le théâtre l'avait désappris : une grâce interrompue renaît avec Meilhac et Halévy.

Mais il convient de ne pas oublier tout ce que les auteurs de la *Petite Marquise* doivent à Musset. Combien en effet leurs pièces sont voisines des comédies ailées de l'auteur d'*On ne badine pas*, d'*Il ne faut jurer de rien* ou d'*Il faut qu'une porte soit ouverte ou fermée!* Combien est proche de la capricieuse fantaisie de Musset la bouffonnerie lyrique de Meilhac et Halévy. Cette bouffonnerie n'était pas toujours heureuse : elle était gaie, ce n'est pas la même chose. Il y a de la tristesse dans le sourire de Meilhac et Halévy, de la tristesse qui en a pris son parti et qui préfère se moquer d'elle-même. Ce n'est pas pour rien qu'ils ont vécu à l'époque d'Henri Heine.

Aussi, à chaque instant, je découvre un air de famille entre le Musset des proverbes, ce grand poète qui ne cessait pas d'être un Parisien, et les auteurs de la *Petite Marquise*, ces deux éblouissants Parisiens qui ne cessaient pas d'être des poètes. Et même, — je n'entends pas être sacrilège, — il me semble discerner, dans certains proverbes d'Alfred de Musset, quelque chose comme l'embryon de l'opérette funambulesque.

C'est un peu le même procédé. Autour des deux personnages centraux de l'opérette, qui sont l'amoureux et l'amoureuse, évoluent des personnages de composition, dont le but est de nous faire rire : des grotesques. Il y a bien un troisième personnage, amoureux lui aussi, mais c'est un personnage sacrifié. Il aime, c'est son affaire, mais on ne l'aime pas. Dans *On ne badine pas...* Camille et Perdican sont les deux héros centraux, Rosette est le troisième personnage et autour d'eux évoluent les adorables fantoches : Maître Bridaine, Maître Blazius et Dame Pluche. Ainsi, dans *Il ne faut jurer de rien*, la Baronne de Mantes et l'oncle Van

Buck. Ces personnages falots ne s'occupent plus que de choses puériles. En prenant de l'âge, ils ont désappris la vie, ils sont devenus frivoles comme beaucoup de vieilles gens. Les héros sérieux sont des jeunes gens : c'est Valentin, en dépit de sa folie apparente, et c'est Cécile.

Cette formule est restée celle de toutes les opérettes, qu'elles soient accompagnées de la musique de Messager, de Terrasse, de Reynaldo Hahn ou par un jazz américain. Sitôt le jeune premier et l'amoureuse en scène, la pièce cesse d'être comique pour devenir sentimentale. Les deux héros disparus, la pièce reprend son train. C'est comme au cirque : sur un cheval blanc, harnaché, l'écuyère paraît, jambes roses, tutu et stick à la main.

Les clowns, respectueux, se taisent et Auguste se met au garde à vous. Le cheval galope et l'écuyère, aérienne, à travers des cerceaux, exécute ses sauts périlleux, puis retombe, pâmée, sur son cheval romain, envoyant à droite et à gauche son sourire commercial. Alors les clowns recommencent à faire rire.

Mais là où les auteurs de la *Vie Parisienne* et de la *Périchole* ont innové, c'est lorsqu'ils ont créé l'amoureux comique. Ce personnage est particulier au théâtre de la vie parisienne — je parle bien entendu de l'amoureux comique qui réussit, car l'amoureux comique qui ne réussit pas a toujours existé. Il s'appelait, dans Molière, Arnolphe ou Georges Dandin, et il s'est même appelé l'Avare. Meilhac et Halévy ont créé un type d'amoureux tout à fait moderne, qui a inspiré, non seulement plus d'une délicieuse comédie de Flers et Caillavet, mais qui ne cesse pas d'inspirer les comédies les plus actuelles : c'est l'amoureux qui n'est pas très intelligent et qui serait même volontiers un peu bête. Il est bête, mais il est gentil à regarder. Les femmes l'aiment, non seulement malgré sa gaucherie cérébrale, mais un peu à cause de cela.

Fiorella, l'héroïne de l'opérette *Les Brigands*, est une jeune fille : c'est la fille de Falsacappa, chef des brigands. Cette demoiselle qui, en dépit de son milieu, a le goût de l'honnêteté, ne diffère pourtant point des autres jeunes filles de Meilhac et Halévy. Elle aussi a le goût des jeunes gens qui ne sont pas très intelligents.

Or, le Prince, un jeune homme, s'est égaré dans la montagne et y rencontre Fiorella que chaperonne le vieux Piétro. Pietro laisse Fiorella seule avec le Prince. Il va, en effet, chercher du renfort afin de dévaliser l'imprudent voyageur. Mais Fiorella a résolu de le sauver. Pourquoi ? Parce qu'il est gentil et qu'il a l'air bête.

FIORELLA, *examinant le prince*. — L'air un peu bêbéte, mais gentil...

LE PRINCE. — Qu'est-ce que vous dites ?

FIORELLA. — Je dis que vous avez l'air un peu bébête, mais que vous êtes gentil.

LE PRINCE. — Absolument comme toi, c'est-à-dire, non. Toi, tu n'as pas l'air un peu... Mais tu es jolie, excessivement jolie, et puis te trouver là... seule, au milieu de ces rochers... avec ton petit chapeau et ta plume rouge... enfin, moi, qui ai l'habitude d'être adoré, je t'adore...

Ce sont des coups de foudre d'opérette. Ils sont plus rapides encore que les autres. Mais qu'il s'agisse d'opérettes ou de comédies, les rapports des deux amoureux sont identiques : la jeune fille est maligne, spirituelle, avisée ; elle a du bon sens, de la finesse, voire de la sagesse. Lui est simple, joli garçon et un peu idiot. Le public est rassuré. Cela fera un bon ménage.

Ainsi, le couple amoureux, chez Meilhac et Halévy, est presque toujours personnifié par un jeune homme niais et une petite femme roublarde. De pareils couples, aujourd'hui encore, ne manque pas d'une certaine actualité.

L'on voit par là que les héros du théâtre de la Vie Parisienne n'ont rien de romantique et j'ajoute que, si les jeunes femmes y ont sur les jeunes gens, une supériorité évidente, privilège de Parisiennes, elles ne sont pas romantiques non plus. C'est un théâtre réaliste, dont les personnages sont quotidiens. Ils ne sont ni très supérieurs, ni très vertueux, ni très vicieux non plus : ils sont courants. Ils appartiennent, si je puis dire, aux classes moyennes du sentiment et de l'intelligence. Les femmes y dirigent le destin des hommes ; cela non plus n'est pas dépourvu d'actualité.

L'on voit peu de jeunes filles dans le théâtre de Meilhac et Halévy.

Elles se sont toutes réfugiées dans celui de Pailleron. Pailleron est bien différent de Meilhac et Halévy. Pailleron est optimiste et Meilhac est pessimiste. C'est pour cela que Pailleron écrivait des pièces sentimentales et que Meilhac écrivait des pièces gaies. Pailleron est romanesque, il a quelque chose de cornélien. Il voit la vie telle qu'il voudrait qu'elle fût et les jeunes filles telles qu'elles devraient être. Meilhac et Halévy sont plus raciniens. N'est-ce point Jules Lemaître qui, à propos d'une de leurs pièces, évoquait la grande ombre de Phèdre? Pailleron est à ce point cornélien que dans presque toutes ses pièces il y a un sacrifice, mais comme ce sacrifice est de Pailleron, c'est un sacrifice gai. Dans *La Souris*, c'est le sacrifice d'une jeune femme ; dans l'*Etincelle*, c'est le sacrifice d'une jeune fille ; dans l'*Age ingrat*, c'est le sacrifice d'un vieux monsieur ; dans le *Monde où l'on s'ennuie*, — qui demeure l'un des plus exquis et des plus authentiques chefs-d'œuvre, non seulement du théâtre de la Vie Parisienne, mais du théâtre tout simplement, — c'est le sacrifice d'une femme du monde, c'est le sacrifice de Mme de Céran.

Les autres auteurs de cette époque paraissent avoir eu peur des jeunes filles. On dirait qu'ils redoutent de les compromettre et, qu'en exposant leurs frais visages aux feux de la rampe, ils craignent de les ternir. Peut-être n'ont-ils pas cherché à les comprendre. Ils ne les considèrent encore qu'à l'état de chrysalides.

Chez tous elles se ressemblent. Elles sont des jeunes filles idéales. Elles n'ont pas de caractère propre, ou plutôt leur caractère c'est précisément d'être des jeunes filles. Elles offrent quelque chose de stéréotypé et, pour employer un terme de peinture, elles sont fixées. Ce sont des entités. Ces peintres clairvoyants de la femme sont devant ces vierges comme les danseurs de ma génération qui, ayant trop fréquenté les cocottes, ne trouvaient plus rien à dire aux jeunes filles. C'est elles qui les faisaient rougir. Pour ces dramaturges, elles font en quelque sorte partie d'un monde irréel. Mais le monde dans lequel se meut Pailleron est, à travers sa vision romanesque, presque irréel lui aussi. Pailleron trouvait tout naturel que les jeunes filles appartinssent encore à la féerie, eussent l'air de descendre d'un nuage. C'était bien la conception même de l'époque qui a inventé les jeunes filles vaporeuses, toutes gardées de mousselines et de linons. On croit que ce sont leurs voiles : ce sont leurs limbes.

Ce mystère neigeux devait plaire à Pailleron. Ce qui troublait les autres dramaturges ravissait l'auteur de *La Souris*. Dans le délicieux bouquet que composent ses pièces, il y a bien des petites fleurs bleues. Aussi cela ne gêne aucunement Pailleron que les jeunes filles soient aussi candides qu'Agnès et aussi virginales. A peine les modernise-t-il en les montrant un peu mal élevées — mal élevées pour ce temps-là, car de nos jours elles seraient exemplaires. Elles sont tout juste assez insupportables pour n'être pas des petites filles modèles, mais ce sont des modèles de petites filles.

Elles sont prêtes à avoir toutes les vertus. Elles ne seront gâtées que par le mariage. N'est-ce point, d'ailleurs, Dumas fils qui s'est écrié : « Les jeunes filles, sous prétexte qu'on les épouse, deviennent aussitôt des jeunes femmes » ? Ainsi dans Jean-Jacques Rousseau, l'homme à l'état de nature est parfait : seule, la civilisation est responsable de ses crimes. Chez les auteurs dramatiques de cette période, ce n'est pas la civilisation qui est responsable : ce sont les maris.

Veut-on se faire une idée de ce qu'était la bonne éducation d'une jeune fille à cette époque ? Ouvrons au hasard *Froufrou* le seul drame que Meilhac et Halévy aient écrit.

Gilberte, l'héroïne, se laisse faire la cour, au premier acte, par M. de Valreas, un viveur, et Valreas se permet, au lieu que de l'appeler Gilberte, de lui donner son surnom : Froufrou. Gilberte se fâche : M. de Valreas n'a pas le droit de l'appeler ainsi, et elle lui dit :

— C'est mon nom pour papa, c'est mon nom pour ma sœur Louise, mais pas pour vous.

— Si, s'écrie Valreas, pour moi aussi, pour moi... De quel nom vous appellerais-je, qui, mieux que celui-là, convienne à la délicieuse petite personne pour laquelle il semble avoir été inventé. N'est-ce pas vous tout entière, Froufrou ? Une porte qui s'ouvre, et, tout le long de l'escalier, un bruit de jupe qui glisse

et descend comme un tourbillon...
Froufrou... Vous entrez, tournez,
cherchez, furetez, rangez, dérangez,
bavardez, boudez, riez, parlez, chan-
tez, pianotez, sautez, dansez, et vous
vous en allez, Froufrou, toujours
Froufrou, et je suis bien sûr que,
pendant que vous dormez l'ange qui
vous garde agite doucement ses ailes,
avec ce joli bruit : froufrou! froufrou!

Voici une déclaration bien respectueuse, bien chaste et bien jolie, et,
pourtant, que répond Gilberte? Elle
répond, pleine de confusion, de rou-
geur et de dignité :

— Voyons, finissez et soyez conve-
nable !

Veut-on savoir maintenant ce qu'é-
tait l'éducation d'une jeune femme ?

Dans *Lolotte*, la baronne, qui répète

une comédie de salon, vient d'écrire à une petite actrice, à Lolotte, pour lui demander de lui donner des répétitions. Elle va la recevoir ; elle n'ose pas avouer au baron, son mari, la visite qu'elle attend, car elle le respecte trop pour cela. Elle a tort, d'ailleurs, car le baron a tout l'air d'avoir été du dernier bien avec Lolotte. Mais les auteurs n'en prennent pas moins la précaution de nous révéler que cette baronne éhontée qui ose recevoir chez elle une actrice n'est pas une Française, mais une Slave !

N'est-il pas vrai que tout cela semble aujourd'hui digne d'un prix de vertu ?

Mais revenons à Pailleron. Pailleron ne s'est pas contenté d'accueillir les jeunes filles sur la scène ; il a poussé le tendre souci jusqu'à leur trouver

des chaperons et, au théâtre, il a
inventé les grands-mères. Les grands-
mères, dans les comédies de Pailleron,
sont bien utiles aux jeunes filles. Ce
sont les grands-mères qui, de leurs
mains indulgentes, ouvrent la porte
du salon bourgeois à l'amour, l'amour
effroi de la famille et son ennemi
héréditaire. Elles prennent le parti
de leurs petites filles contre l'expérience trop intransigeante des parents.
C'est que les grands-mères ne sont
plus dupes de leur raison. Elles ont
gravi tant d'années qu'elles voient
les choses de plus haut. Elles ont
appris la sagesse.

Aussi, chez Pailleron, ce sont les
grands-mères qui tirent souvent la
morale des pièces. Elles tiennent dans
ses comédies, et d'une manière plus
attendrie, le rôle que, dans les pièces

de Dumas fils, tient le raisonneur et, dans les drames d'Eschyle, le chœur antique.

Si toutes les jeunes filles du théâtre de la Vie Parisienne se ressemblent, il n'en est pas de même des jeunes femmes. Celles-ci ont acquis le droit d'avoir un caractère : elles sont mariées. Elles ont droit à tous les caprices, à toutes les sautes d'humeur, à tous les défauts. Elles ont le droit d'être insupportables, autoritaires, jalouses, colères, égoïstes, menteuses et adorables. Les chrysalides, on le voit, sont devenues des papillons. De telles femmes ne sont pas des créations de poètes, ni même d'auteurs dramatiques. Elles sont réelles, elles sont exactes. Elles n'ont pas que des sentiments ou des idées : elles ont des nerfs. Les femmes, dans les comédies ou les tragédies du XVIIe n'en avaient pas. Elles n'étaient pas plus nerveuses parce qu'Hippolyte était arrivé en retard pour le déjeuner ou parce que Rodrigue avait oublié d'apporter des fleurs ; ni de meilleure humeur parce que le ciel était bleu ou que leur tunique drapait bien. Il a fallu la *Belle Hélène* pour donner des nerfs à l'antiquité. Pour les héroïnes de Racine, de Corneille et même de Molière, il n'y avait pas de contingences et le monde extérieur n'était qu'une apparence. Autrement dit, les petits incidents quotidiens sont supprimés et le décor n'intervient pas. L'ambiance, comme l'on dit aujourd'hui, ne joue pas, seule règne l'atmosphère que créent les âmes.

Dans tout le théâtre de Racine il n'y a qu'un seul vers qui soit influencé par la nature, et c'est Phèdre qui le soupire :

« Ah ! que ne suis-je assise à l'ombre des forêts... »

Les héroïnes classiques ne relèvent que de leurs sentiments. Peut-être aussi qu'une pareille constance est moins due à leurs vertus qu'à l'unité de temps, qui ne leur permet pas de changer et qui les force à n'évoluer qu'au rythme de l'action. Mais les femmes du théâtre de la Vie Parisienne ne sont pas soumises à l'unité de temps, et elles en profitent. Elles sont agacées, ou querelleuses ou délicieuses, sans qu'Hippolyte y soit pour rien. Ce sont les premières femmes modernes, mais ce ne sont pas pour cela de méchantes femmes, elles sont presque toujours

très gentilles. Les courtisanes mêmes
ont bon cœur, trop bon cœur, mais
c'est leur métier. Comme l'équipage
d'un vaisseau fragile au cours d'une
tempête pense au port, toutes, parmi
leur luxe et ballottées d'un amant
à l'autre, songent avec nostalgie au
mariage. Quant aux femmes mariées
ce sont presque toujours d'honnêtes
femmes ; et cependant, le désir et
l'attention des spectateurs ne peuvent les quitter de toute la pièce, car
elles ont beau être vertueuses, elles
ont tout le piquant des femmes qui
ne le sont pas. Ces charmantes Parisiennes ne trompent guère leurs maris
ou alors c'est après le baisser du
rideau : les auteurs n'en sont plus
responsables.

Le cadre de ce théâtre : des salons,
des boudoirs, des ateliers de mo-

diste, le magasin d'une fleuriste, un salon de couturier, une chambre à coucher de cocotte, un cabaret où l'on soupe. Voilà qui est assez ordinaire et pourrait même n'être pas toujours délicat et, néanmoins le vrai théâtre de la Vie Parisienne dégage de toutes ces choses et de tous ces êtres sans poésie une poésie subtile, réelle, inattendue. Les personnages sont frelatés et la pièce est pleine de fraîcheur, d'une fraîcheur de jeunesse et qui sent bon le printemps, un printemps comme un autre, un peu plus surprenant qu'un autre et qui mérite nos suffrages car, pour fleurir là où il a poussé, il a fallu qu'il se donne bien du mal.

Au cours de cette étude, c'est à dessein, on l'a compris, que, parlant de la Vie Parisienne, je n'ai parlé que de trois auteurs dramatiques : Meilhac, Halévy et Pailleron, et que j'ai écarté des auteurs illustres, tels que Dumas fils, Augier, Victorien Sardou et Henri Becque. Mais, m'objectera-t-on, écarter du théâtre de la Vie Parisienne l'auteur du *Demi-Monde* et de l'*Ami des Femmes*, et surtout en écarter Henri Becque, l'auteur de la *Parisienne*, n'est-ce pas un paradoxe ? Je ne le pense pas.

On l'a vu, les pièces de la Vie Parisienne ne sont jamais des pièces amères. Ce ne sont pas des comédies de caractère, ce ne sont pas des comédies de mœurs non plus, ou plutôt ce sont des comédies de mœurs qui ont l'orgueil ou la sagesse de ne pas se prendre au sérieux — des comédies de mœurs qui ont de la modestie. Leur psychologie est faite d'indulgence, imprégnée chez Meilhac et Halévy d'un pessimisme souriant et chez Pailleron d'un optimisme renseigné. Le grand auteur dramatique qui écrivit *Denise* et la *Visite de Noces* répudiait volontairement des qualités dont l'agrément lui eût paru une faiblesse. Le dramaturge qui, au mari de la femme adultère, crie : « Tue-la ! » n'a pas ce que l'on peut appeler un cœur bien parisien. Dumas fils a toujours l'air de se venger des femmes, tandis que Meilhac et Halévy en ont pris leur parti. Dumas fils était un moralisateur. Ses pièces sérieuses, il les prenait au sérieux. Il condamnait et flétrissait l'adultère. Meilhac et Halévy se contentaient de le déconseiller. Au lieu de le flétrir d'un anathème que ne comportait pas leur théâtre, ils en ont montré les inconvénients. S'ils nous font voir que le mariage n'est pas toujours gai, ils nous font entendre que l'adultère n'est pas toujours drôle. Dès lors, entre une chose qui n'est pas gaie et une chose qui n'est pas drôle, autant choisir celle qui est la plus confortable. C'est le conseil qu'ils donnent aux petites dames et même à de vieux messieurs.

Il y a un proverbe anglais dénué de galanterie qui dit : « Toutes les femmes sont embêtantes, au moins avec la sienne on peut se promener ». Meilhac dit aux femmes : « Tous les maris sont embêtants, au moins avec le sien on peut sortir ».

Méfiez-vous des hommes qui vous font la cour, déclarent-ils aux petites dames mariées : ils sont égoïstes, ils sont vaniteux, ils sont volages, ils n'ont qu'une seule chose pour eux, c'est qu'ils se laissent berner facilement, car ils ne sont pas très intelligents. Mais cela ne suffit peut-être pas à assurer le bonheur. Il est même possible qu'ils vous rendent un peu malheureuses. Alors, tant qu'à faire, mieux vaut un demi-bonheur honorable avec son mari qu'un demi-bonheur compromettant avec son amant.

Ces conseils eussent révolté Dumas fils qui ne perdait jamais le sentiment de sa responsabilité.

Quant à Henri Becque, il est plus loin encore que Dumas fils du théâtre de la Vie Parisienne, car, si paradoxale que semble cette affirmation, *La Parisienne* n'est pas de la vie parisienne. La pièce a trop d'amertume et presque de la brutalité. Elle manque de scepticisme, de bienveillance, elle n'est jamais attendrie. Elle a de la gaieté, mais sa gaieté est féroce, son ironie impitoyable. Elle n'est à aucun moment poinçonnée par le boulevard. Ce n'est pas un chef-d'œuvre parisien, c'est un chef-d'œuvre, simplement. Un Parisien n'eût pas, comme Becque, jugé Clotilde avec cette sévérité objective, avec ce cruel détachement ; il ne l'eût pas absoute, mais il l'eût admise et aurait souri. *La Parisienne*, ce n'est pas la pièce d'un Parisien, c'est la pièce d'un homme qui habite Paris. Ce n'est pas du tout la même chose.

Robert de Flers, au cours des éblouissantes conférences qu'il fit sur le théâtre de Meilhac et Halévy, s'écriait, parlant d'une de leurs pièces : « Lorsque l'on relit la *Vie Parisienne*, l'on est effrayé ou charmé, selon l'état de sa conscience, du parfum de vertu qui s'en dégage. Tous ces personnages, en apparence déchaînés, sont, si en les regarde d'un peu près, parfaitement raisonnables et c'est l'un des agréments les plus délicats du théâtre de Meilhac et Halévy de cacher sans cesse, sous le masque de la sagesse, le visage de la folie ».

Ce jugement pourrait s'appliquer à tout le théâtre de Meilhac et Halévy, comme aussi au théâtre de Pailleron. Parodiant une pensée de La Rochefoucauld, l'on pourrait dire que chez ces auteurs la blague y est un hommage que l'esprit rend à la vertu. Mêmes leurs opérettes satiriques, dont les flèches portent si loin, ne passent jamais cette mesure et, comme l'on eût dit au grand siècle, cette honnêteté à quoi se reconnaît le goût français. L'on a parfois accusé ce théâtre d'être trop audacieux ou trop libertin et les étrangers ne se sont pas fait faute d'en accréditer la légende. Mais les étrangers, bien qu'ils s'y amusassent, n'ont jamais rien compris au théâtre de la Vie Parisienne. Déjà, ils commettaient l'erreur qu'ils n'ont cessé de commettre depuis, chaque fois qu'ils essaient de nous juger. En effet, ils s'imaginent toujours que nous blaguons des sentiments, alors que nous ne blaguons jamais que des personnages. Le Paris d'alors ne s'y est pas trompé ; la postérité ne s'y est pas trompée davantage. Tous ces héros, toutes ces héroïnes composent une fresque dont le frais et pur dessin nous enchante et nous attendrit. Cette vie allègre, mousseuse, cette vie champagnisée, où il nous semble entendre partir les bouchons dans les salons du Grand Seize, parmi les rires de Métella, toute cette fête diabolique dégage comme un parfum d'Arcadie. Le visage de ces fêtards, de ces femmes du monde, et même de ces cocottes, offre quelque chose d'heureux, de bien portant et, mon Dieu, de presque candide. Peu à peu, nous verrons qu'aux mains des successeurs de Meilhac et Halévy, le brillant et léger flambeau de la Vie Parisienne éclairera souvent des visages moins reposés.

Quand on relit ce théâtre, l'on s'aperçoit qu'il est dominé entièrement par la femme. En cela, les pièces de Meilhac et Halévy sont bien de leur temps. On a dit souvent que le Second Empire et les vingt années qui l'ont suivi furent véritablement le règne de la femme et que, par là, cette époque rejoignait la fin du XVIIIe siècle. Mais sans vouloir médire des femmes brillantes et exquises du Second Empire, l'on ne trouve point chez elles cette qualité d'esprit que l'on rencontrait chez leurs aïeules. Elles règnent, mais moins par leur esprit que par leur beauté, moins par leur culture que par leur grâce. En vain, l'on rechercherait parmi elles une Madame Geoffrin, une Mlle de Lespinasse, une Madame du Deffand. Si j'en excepte le salon accueillant et sévère de la Princesse Mathilde, elles n'étaient les amies ni des philosophes, ni des artistes. Elles préféraient inviter des hommes célèbres à dîner plutôt que de lire leurs œuvres et, souvent, ne se rendaient au théâtre que pour gagner l'heure du souper ou du bal. Elles avaient bien des excuses : il y avait si longtemps que, sans deuils récents ou sans crainte du lendemain, l'on n'avait pu se divertir en France qu'elles se hâtaient d'en profiter. Elles n'étaient pas, comme leurs grands-mères, à la fin du XVIIIe siècle, lasses de tant de plaisirs obligatoires. Cela ne les ennuyait pas encore de s'amuser. En retrouvant la frivolité, il leur semblait reconquérir un privilège. Elles ne craignaient point d'être superficielles. Comme elles se fussent indignées de voir leurs petites filles

passer des examens de droit, de méde-
cine, de philosophie, et comme elles
eussent ri que l'on tentât de faire
concurrence aux hommes, elles qui
étaient bien trop sûres de leurs droits
pour songer à les revendiquer ! Elles
étaient tellement assurées de régner
par le seul fait qu'elles étaient femmes,
qu'elles ne se donnaient jamais la
peine d'être autre chose. Les hommes
qui les aimaient, avec plus de volupté
peut-être que de sentiment, et avec
l'idée ambitieuse ou naïve qu'ils les
protégeaient, encourageaient leur
coquetterie ou leur insouciance.
« Sois belle et tais-toi » s'écriait Théophile Gautier. « Sois belle et laisse-
nous parler » disaient les brillants
causeurs. « Sois belle et fais-moi
honneur » disaient les maris. « Sois
belle et laisse-moi t'inventer »

disaient les poètes. « Sois belle et laisse-moi t'adorer » disaient les amants. « Sois belle et laisse-moi t'habiller, disaient les couturiers. Et les femmes, à qui l'on prodiguait ces encouragements insidieux, ne résistaient pas à la griserie de voir leur beauté si à la mode. Cela ne les empêchait pas d'aimer, mais pas au point de devenir malheureuses. Elles-mêmes entraient dans le jeu. Elles exigeaient qu'on les aime, mais d'un amour qui ne les importune pas et qui les distraie et peut-être même, à choisir, se fussent-elles passées d'être aimées, à condition qu'on les adule.

On les évoque, sous les lustres à gaz, avec leurs diamants et leurs épaules tombantes et, de leurs mains court gantées que termine un camée, faisant palpiter leurs petits éventails.

Elles sont là, offertes et inaccessibles, et toutes gardées de crinolines. Pleinement heureuses d'être des bibelots si réussis, écoutant plus flattées qu'émues et distraites par elles-mêmes, les habits noirs complimenteurs et se regardant à la dérobée dans les miroirs où elles s'admirent, elles se fredonnent sans doute à elles-mêmes l'air de l'opéra à la mode : « Ah ! je ris de me voir si belle en ce miroir... Non, ce n'était peut-être pas tout à fait le règne de la femme... C'était le règne de la poupée.

Mais poupées, grandes dames ou petites femmes, de quels hommages toutes sont entourées, et quel mystérieux abîme séparait les deux sexes ! Cet abîme, n'est plus, de nos jours, qu'un fossé, un petit fossé, juste de quoi faire la culbute. Cet étonnement devant la femme, cette distance qu'il y avait d'elle aux hommes et que l'on franchissait comme une frontière, tout cela s'est si bien effacé que, lorsque les derniers survivants du Boulevard, ou plus simplement de l'avant-guerre, auront disparu, il faudra rechercher dans les livres ou dans les pièces quelle était la manière dont l'on parlait aux femmes.

Voyez un matin de printemps, avenue du Bois, un groupe de jeunes gens, aujourd'hui. Ils causent ensemble, arrêtés devant la torpédo d'un camarade. Une femme s'approche d'eux : ils soulèvent légèrement leur chapeau et continuent à discuter, mais leur visage n'a pas changé, pas plus que leurs propos ou leur sourire. Avec son vêtement droit, sa petite toque, son air fringant et garçonnier, sa poignée de mains cordiale, il n'y a dans leur groupe qu'un copain de plus, voilà tout. Considérez un peu plus loin quelques messieurs d'âge qui, eux aussi, conversent. Une femme survient : les visages se transforment, quelque chose du XVIIIe s'ébauche dans le salut qu'ils lui adressent, la conversation ne continue pas, elle se renouvelle. L'atmosphère est plus chaude, tous les regards sont différents. C'est que la vie est soudain plus belle : une femme a passé...

II

DE HENRI LAVEDAN
A MAURICE DONNAY

Le Théâtre de la Vie Parisienne chez les successeurs de Meilhac n'est guère commode à classifier. A chaque instant, il s'écarte de la Vie Parisienne : il a d'autres préoccupations. Il faut nous habituer chez Lavedan comme chez Donnay à des changements de climats, à des sautes de température qui nous font passer d'une comédie brillante et tempérée à une ardente comédie dramatique, ou qui, dans une même pièce, nous font rire au sortir d'une scène qui nous étreint.

Les pièces de Meilhac s'ébattaient dans Paris comme des moineaux.

Lorsqu'elle se posaient un peu haut, ce n'était jamais que sur les arbres du boulevard. Les pièces de M. Maurice Donnay ont un vol plus déconcertant. Parfois, débutant d'une manière légère, ironique, elles s'évadent soudain de l'atmosphère parisienne. On sourit encore, mais avec des larmes ; la comédie devient grave, douloureuse, même violente, puis s'apaise et sourit à nouveau comme si, prise de remords d'avoir survolé la vie parisienne, elle revenait s'y poser.

Certaines pièces de M. Henri Lavedan sont tout aussi décevantes pour qui veut les cataloguer. Si le *Vieux Marcheur* et le *Nouveau Jeu* s'apparentent très étroitement au théâtre de la vie parisienne, le *Prince d'Aurec* ou *Viveurs* ne font que la traverser. En d'autres termes, ces pièces qui,

par endroits, demeurent aussi brillantes et légères que celles de Meilhac,
sont presque toujours plus ardentes
et plus complexes.

C'est que le théâtre de Lavedan et
de Donnay n'est plus le théâtre du
boulevard ; c'est le théâtre de la
fin du boulevard. La société se trans-
forme, la vie est plus difficile. La
question d'argent intervient. *L'Es-
broufe*, la belle pièce accusatrice de
M. Abel Hermant, dresse contre un
certain Tout-Paris qui empoisonne la
vie parisienne un féroce réquisitoire.
Sur ces comédies plane une sorte
d'angoisse, même sur les plus gaies.

Avoir eu vingt ans vers 1885
où avoir eu vingt ans vers 1860, cela
n'a aucun rapport. On est aussi jeune,
on est moins insouciant ; on peut
être aussi clair, on est moins joyeux.

A l'âge de dix ans, ces petits Français avaient vu les Prussiens dans Paris et les feux rouges de la Commune. Un peu plus tard, l'invasion pacifique des étrangers commence. Le krack de l'Union Générale ruine une partie de l'ancienne société. Une classe nouvelle se forme, plus avide, plus brutale, un monde nouveau qui n'est pas le monde et qui en parodie les manières. C'est déjà, après une guerre qui, par comparaison, nous paraît peu sanglante, un désenchantement d'après-guerre. Aussi, en 1907, recevant M. Maurice Donnay sous la Coupole, M. Paul Bourget a pu lui dire, évoquant l'époque de la jeunesse de l'auteur d'*Amants* et son passage au Chat noir : « Cette gaieté spasmodique et qui tient de la névropathie, fut celle d'une jeunesse qui eut ses vingt ans en des heures troublées de l'histoire et dans un pays déjà vieux. On ne s'amuse pas du même cœur lorsqu'on appartient à une nation victorieuse et quand on est l'enfant d'un peuple vaincu, quand on a grandi dans un milieu ordonné et fixe ou bien dans un milieu instable, bouleversé par les pires ferments d'anarchie, quand on se sent emporté par un vaste mouvement de joie et d'espérance ou bien quand on participe aux découragements d'un âge d'universelle critique et de lassitude ».

Ces fortes paroles gardent au lendemain de notre coûteuse victoire un accent d'actualité. Il semble que c'est à notre temps qu'elles s'appliquent plus encore qu'à celui de la jeunesse de l'auteur d'*Amants* ou de l'auteur du *Nouveau Jeu*, car pour les jeunes hommes qu'étaient vers 1885 Lavedan, Donnay, Capus, le boulevard gardait tout son prestige et tout son parfum.

« Que de fois dans ma jeunesse, écrivait Capus, que de fois j'ai entendu ces mots : Ah ! si vous aviez connu le Paris de l'Empire ! » Et je me rappelle ces mots chaque fois que je suis tenté moi-même de dire à un jeune homme : « Ah ! si vous aviez connu le Paris de 1885. » Je me rappelle un célèbre café du boulevard où j'avais été admis par faveur. J'ose à peine vous dire le nom de ce café, pour ne pas vous plonger dans un passé trop lointain : c'était Tortoni. Il y a aujourd'hui à la place un magasin de chaussures. Qu'y aura-t-il dans trente ans ? Et qui sait si les vieux ne murmureront pas, comme je le fais en ce moment pour Tortoni : « Dire qu'il y avait là jadis un charmant petit magasin de chaussures ! »

Capus, on le voit, se méfiait de sa mélancolie, car il savait que ces regrets ne sont pas nouveaux. A toutes les époques, en effet, il s'est trouvé des hommes pour évoquer avec nostalgie le charme de vivre d'un temps disparu. C'est Saint-Simon, — il n'en parlait cependant que par ouï-dire, — qui vantait l'agrément de vivre du temps des Valois. C'est Talleyrand qui, songeant à l'ancien régime, s'écriait : « Qui n'a pas vécu avant la Révolution ignore la douceur de vivre. »

— Qu'on etait heureux sous Louis-Philippe, s'écrie en 1884 ce bon Gustave Claudin.

— Ah ! jeunes gens, avait accoutumé de soupirer le Marquis de Massa, qui avait brillé sous le Second Empire, si vous aviez connu la grande Exposition Universelle ! Voilà une époque qui valait la peine d'être vécue !

Et nous-mêmes, évoquant la vie facile dont l'interruption fut si tragique, nous nous surprenons souvent à murmurer : « Ah ! mes pauvres petits, si vous aviez connu l'avant-guerre ! »

Est-ce donc que nous confondons la nostalgie d'une époque avec le regret de notre jeunesse ? Sans doute, il y a un peu de cela, mais comment ne pas croire au bien-fondé de cette nostalgie lorsque, le comparant à notre Paris l'on évoque le Paris de la jeunesse de Capus, de M. Maurice

Donnay et de M. Henri Lavedan ?

Le boulevard régnait encore et rien ne semblait changé. L'heureuse époque de l'avant-guerre — de l'avant-guerre d'alors, — gardait ses illustres témoins : Meilhac et Halévy, Dumas fils, Augier, Henri Becque, Victorien Sardou, et même des auteurs du temps de Louis-Philippe, comme Labiche. Sans doute, il était bien agréable d'y avoir de l'argent, mais il n'était pas encore tragique de n'en pas avoir. L'on admirait en les enviant certaines existences dignes et pauvres. Les jeunes écrivains pouvaient se fier à la chance, au hasard ; ils pouvaient formuler avec optimisme le rêve de gagner leur vie en écrivant. L'avenir était un projet et n'était pas

encore un problème. Une éducation
solide, des études que l'on n'avait pas
toujours choisies, un passé d'Ecole
Normale ou d'Ecole des Mines, donnaient, à ceux qui s'en évadaient pour
faire de la littérature, une assurance
qui n'était pas présomptueuse. La vie
de Bohème, telle qu'elle existait du
temps de Louis-Philippe ou sous le
Second-Empire, était moins facile,
mais elle avait pour cadre des journaux, des coulisses de théâtres, des
cercles de jeux ou des ateliers d'artistes ; bref, un genre de grenier qui
consolait de bien des choses et où il
faisait bon vivre à vingt ans.

Je n'ai pas l'ambition de parler
de toutes les pièces faisant partie
de la Vie Parisienne et qui nous
furent données dans cette fin de
siècle prodigue. Certains noms s'im-

posaient à moi : ce sont ceux-là que j'ai choisis, car il me faliait choisir. Mais avec quel regret j'ai renoncé aux autres ! A chaque instant, comme l'on est assailli de remords, je suis sollicité par des comédies que j'admire et que j'aime. C'est tantôt une pièce spirituelle et tendre de Romain Coolus, l'exquis auteur des *Amants de Sazie*, tantôt une pièce délicieuse de Pierre Véber, comme cette *Essayeuse*, au répertoire du Théâtre Français et qui n'a qu'un acte, mais un acte qui est un chef-d'œuvre ; tantôt une impertinente et charmante comédie de Nozière, Pierre Wolff ou d'Alfred Savoir, ou une spirituelle comédie de Janvier de la Motte ou de Gandillot. J'ai beau me dire, pour m'excuser à mes yeux de ne point parler de ces auteurs, qu'un choix s'imposait, il me semble que mon choix est un oubli et mon silence une ingratitude.

Je suis moins gêné lorsqu'il s'agit de notre génial Jules Renard, de notre grand Courteline, de notre profond et joyeux Tristan Bernard et de cet enchanteur qu'est Sacha Guitry, au théâtre duquel je dois tant de belles et heureuses soirées. Leur théâtre qui est la vie même, ne relève pas à proprement parler de la Vie Parisienne. Ici, ce n'est pas moi qui m'écarte d'eux : ce sont leurs pièces qui s'éloignent du sujet que je traite et c'est eux qui sont responsables.

Ma tâche ainsi circonscrite, me restera-t-il du moins la ressource de faire des œuvres de Lavedan, de Capus, de Donnay, une étude approfondie ? Hélas ! non. Un chapitre suffirait à peine pour analyser l'œuvre de chacun de ces auteurs. Mais cette analyse est-elle nécessaire et le fait de raconter leurs pièces n'est-il pas un peu superflu ? Elles sont si célèbres et demeurent si nourricières de nos répertoires actuels qu'il suffit de les évoquer pour que tout le monde s'en souvienne.

Aussi, je souhaite moins étudier leur théâtre qu'y trouver matière à réflexion, moins expliquer leurs pièces qu'y rechercher l'évolution de nos mœurs, dont elles sont le miroir accusateur et souriant. Enfin, pour être plus près d'eux, et négligeant ces auteurs pour eux-mêmes, les quitter à l'époque de leur théâtre contemporain, de leur gloire assurée, pour les rencontrer familièrement au Café Riche, au Club des Faucheurs ou au Chat Noir, au seuil de leurs projets et au printemps de leur jeunesse.

La jeunesse a tant d'importance dans la vie d'un homme de lettres ! Elle est une explication si directe et si chaude de son œuvre et de son temps et Capus avait raison de dire : « Définir les conditions dans lesquelles débute un écrivain, c'est un peu définir une sociéte. »

*
* *

M. Henri Lavedan, qui était le fils du comte Lavedan, Préfet de l'Empire, habita dans son enfance place du Palais-Bourbon. Le boulevard Saint-Germain n'était pas encore percé. Sa grande joie, — il avait sept ans, — était de voir passer de la fenêtre de son petit appartement les beaux équipages qui défilaient de quatre à sept : les daumonts, avec leur siège drapé et leurs jockeys, les tandems, les victorias et les tonneaux.

Huit ans plus tard, la famille Lavedan déménagea et alla s'installer rue de Marignan. Là, pour le jeune observateur de quinze ans aux yeux curieux et au cœur battant, plus de jolies dames dans les victorias, plus de grandes dames dans les daumonts, plus de petites femmes dans les tonneaux, mais des spectacles cependant qui devaient impressionner l'éveil de sa sensibilité et influer sur ses comedies. En effet, d'une fenêtre de son nouvel appartement, le jeune Lavedan plongeait les regards dans le jardin et la cour de la Païva. Il assistait au pansage des chevaux qui avaient le privilège de traîner les carrosses de la belle péripatéticienne. Il voyait aussi tous les huit jours les valets de pied de la grande courtisane, — des valets de pied gantés de blanc, — qui battaient dans la cour les matelas de satin blanc de leur maîtresse. Mais, d'une autre fenêtre, il assistait à un spectacle différent. Le soir, lorsque ses parents le croyaient couché, le petit Lavedan sautait de son lit, ouvrait la fenêtre et regardait, les yeux écarquillés, les papillons et les boules de gaz qui reliaient par de belles guirlandes de feu les palmiers en zinc de Mabille. Il entendait le bruit du tir à la carabine Flobert, écoutait les flonflons des quadrilles où dansaient de jeunes personnes, relevant leurs jupes et agitant la jambe, en face de leurs gesticulants partenaires. Il contemplait tout cela, réveillé sur le coup de minuit, et ayant emprunté les imposantes lorgnettes familiales, larges comme des canons Krupp, ces mêmes lorgnettes que braquaient dans la *Ménagerie parisienne* de Gustave Doré les jeunes lions à la mode, pressés dans leurs avant-scènes flamboyantes.

Nos premières impressions projettent sur notre vie des ombres portées. Toute son existence, le jeune Lavedan devait regarder la vie parisienne comme il la contemplait dans son enfance : d'un peu loin et d'un peu haut.

Le meilleur moyen d'encourager une vocation, c'est encore de la contrarier. Je ne pense pas que ce fût dans un dessein aussi machiavélique que le comte Lavedan s'opposa à la vocation naissante de son fils, mais bien par une affectueuse anxiété paternelle. Il s'inquiétait, en effet, de le voir rentrer trop souvent à quatre heures du matin et se disait, non sans quelque légitime apparence, que son fils faisait la fête. Mais le jeune Lavedan ne faisait pas la fête : il la regardait faire. Bien souvent aussi il s'attardait au Club des Faucheurs, lequel tenait ses assises dans les salons du Café Américain, et où des hommes du monde, des sportsmen et des écrivains se rencontraient en galante compagnie, moins pour « sabler le champagne » comme l'on disait alors, que pour échanger des idées, des impressions, des projets. Beaucoup de ces hommes d'esprit, — trop hélas ! ont disparu, mais quelques-uns demeurent parmi nous et citer leurs noms, c'est restituer son atmosphère délicate et spirituelle à ce petit cénacle nocturne. Il y avait là un jeune homme qui portait alors une petite barbe soyeuse et des cheveux longs, et dont les réparties féroces et gaies faisaient éclater de rire ses compagnons ; ce jeune homme, c'était Forain. Il y avait là aussi l'un des hommes qui a eu le plus d'esprit en France et qui continue : j'ai cité M. Etienne Grosclaude. Lavedan y rencontrait Allez-Claparède, le comte d'Osmont, Espelleta, un homme d'épée comme son nom l'indique... C'était une manière de vie de Bohème, de vie de Bohème de la bourgeoisie. Il y avait encore un charmant jeune homme qui ressemblait à Galliffet, et qui, pour faire de la peinture, de la peinture pas très bonne, de la peinture d'homme du monde, endossait un dolman de hussard. Il était l'amant d'une courtisane célèbre, une nièce à la mode de Paris des « filles de marbre » et ne cessait, d'ailleurs, de se disputer avec elle. Un soir, aux Folies-Bergère, en compagnie de son amie, il remarqua une charmante jeune fille, ce qui lui valut une scène de sa maîtresse.

— Ma petite, lui dit-il, ne continue pas à me faire une scène à cause de cette jeune fille, parce qu'elle m'est indifférente pour l'instant, mais si tu persistes, je tombe amoureux d'elle et je l'épouse.

Sa compagne l'en défia. Aussi, le lendemain matin, il demandait à la première heure la main de la jeune fille à ses parents, mal réveillés, mais fort stupéfaits.

Cette histoire vraie, c'est l'histoire d'une des plus éclatantes comédies de M. Henri Lavedan, c'est l'histoire du *Nouveau Jeu*. L'on voit par là combien le comte Lavedan, Préfet de l'Empire, avait tort de gronder son fils lorsqu'il passait ses soirées aux Folies-Bergère.

A peine sorti du régiment, Lavedan fonda avec Forain un journal qui s'appelait le Monde Parisien. Il y publia ces éblouissants dialogues qu'il devait continuer dans le journal la Vie Parisienne et qui s'appellent : *La Haute, Nocturnes* et le *Nouveau Jeu*.

Le *Nouveau Jeu* fut donc un livre avant que d'être une comédie. La pièce ne devait être écrite et jouée que huit ans plus tard, et à la demande de Fernand Samuel, directeur des Variétés.

C'était une curieuse époque : les directeurs de théâtres lisaient les journaux littéraires ; ils découvraient des jeunes auteurs, ils ne collaboraient pas aux pièces qu'on leur apportait. C'était une époque incroyable. A ce point incroyable qu'un soir, à une représentation du Cirque Molier, l'administrateur de la Comédie Française, M. Jules Claretie, ayant rencontré le jeune Lavedan lui dit :

— J'ai parlé de vous avec M. Ludovic Halévy. Tous deux nous avons lu vos dialogues de la Vie Parisienne. Apportez-nous un acte au Français et nous le jouerons.

Mais, dans tous les temps, les jeunes écrivains se ressemblent. Ils n'attendent pas d'avoir du succès pour affirmer qu'ils ont du talent. Ils ne le savent pas, ils le sentent.

C'est bien plus sûr. Au reste, c'est une erreur de croire que la timidité est un défaut de jeunesse. La jeunesse ayant toutes les certitudes a toutes les audaces. C'est plus tard que l'on a des doutes, que l'on se défie de soi-même ; c'est en vieillissant que l'on devient timide : c'est peut-être cela que l'on appelle l'expérience !

Le jeune Lavedan répondit donc, tout comme un jeune homme d'aujourd'hui l'aurait fait :

— Monsieur l'administrateur, un petit acte pour le Théâtre-Français, cela ne m'intéresse pas du tout. Si vous voulez une pièce, ce sera une vraie, une machine qui aura trois actes.

— Eh bien, répondit Jules Claretie, amusé et impressionné, eh bien, faites-nous cette machine en trois actes et apportez-la moi.

La pièce, — elle portait le titre bien Comédie Française de *Une Famille*, — fut reçue à l'unanimité au Comité de Lecture et Got, qui en annonça la joyeuse nouvelle au débutant angoissé, s'écria : « Mon enfant, vous serez un grand auteur dramatique. »

Got était bon prophète. Le jeune Lavedan ne devait pas tarder à le prouver, de la manière à la fois la plus ambitieuse et la plus difficile.

Le Prince d'Aurec, en effet, son premier grand succès dramatique, rejoignait le théâtre de Beaumarchais. Ce n'est pas encore de la vie parisienne, ce n'est pas mieux, c'est autre chose : c'est de la comédie de mœurs. Mais certaines scènes de Lavedan, dans ses comédies dramatiques, peuvent cependant se détacher comme des petits tableaux mêmes de la vie parisienne de l'époque. On reconnaît le costume, la façon de s'exprimer, la mode d'alors. Ainsi du *Prince d'Aurec* qui est tellement caractéristique que, si l'on veut connaître et comprendre certains personnages de la fin du XIXe siècle, c'est à cette pièce qu'il faut se reporter.

Le Prince d'Aurec est un dilettante. Son rôle, comme il le déclare lui-même, est celui d'un oisif gentilhomme. La duchesse sa mère, née Piédoux, qui a toujours payé les dettes de son fils, mais qui, devant l'énormité de la dernière somme, se retrouve bourgeoise et Piédoux, s'écrie :

— Mais en quoi consiste-t-il, ce fameux rôle d'oisif ?

Et le prince de répondre :

— A maintenir le goût, à créer la

mode, à inventer un mot nouveau, une nuance, un parfum, à lancer dans la circulation une cravate, un chapeau ou une écuyère, à rendre un vice bien porté aussi aisément qu'on ridiculise une vertu, à réagir contre le gros diamant du juif, le bronze d'art du bourgeois et la quincaillerie du Péruvien ! Voilà les seuls devoirs dignes d'un gentilhomme à notre époque !

Quelques-uns d'entre nous ont connu ce type de dilettante. Il a disparu. Le Prince d'Aurec, aujourd'hui, ne se retirerait plus à la campagne, chez sa mère : il vendrait des autos ou se ferait couturier. Sa femme l'aiderait à tenir boutique, ce qui ne les empêcherait pas de dîner en ville et dans le meilleur monde. Cela aurait du chic tout de même, cela aurait même plus de chic que d'être dilettante.

Chez Lavedan aussi, notamment dans le *Marquis de Priola*, une réplique moderne de Don Juan, nous retrouvons un personnage que nous entrevoyons non seulement chez Maurice Donnay, chez Capus et chez Flers et Caillavet, mais encore dans les pièces de Porto-Riche : c'est le type de l'homme qui ne vit que pour la femme, — bien entendu, il n'est pas question de la sienne !

Ce personnage a, lui aussi, disparu. Il n'y a plus d'hommes qui aient les moyens de vivre pour les femmes, ou alors ça leur rapporte. Au théâtre, de pareils Messieurs s'appellent à présent l'*Amant de Cœur*, « le gigolo » ou le *Greluchon Délicat*. On le voit, l'homme qui vit pour les

femmes s'est singulièrement trans-
formé.

Si le *Marquis de Priola* garde un cachet d'avant-guerre, les héros du *Nouveau Jeu* sont presque tous des personnages d'aujourd'hui. C'est que le jour où ils parurent sur la scène, le 8 février 1898, ils étaient déjà de demain. Aussi le *Nouveau Jeu* marque-t-il une date dans l'histoire du théâtre de la Vie Parisienne.

La pièce mordante et acide était toute neuve. M. Lavedan, ce jour-là, a inventé une langue qui devint à la mode. Elle ne demandait qu'à le devenir. Il a draîné cet argot qui se parlait alors dans les cercles, les salons et sur le boulevard.

L'on se rappelle que c'est une soirée aux Folies-Bergère qui inspira à Henri Lavedan le sujet de la pièce.

La scène où Paul Costard et Alice Labosse, sa fiancée subite, se parlent pour la première fois et essaient de se connaître demeure à ce point actuelle, qu'elle pourrait être jouée devant des cocktails, par un garçon aux cheveux collés et aux pantalons trop larges et par une jeune fille à la nuque rasée et la cigarette au bec. Ecoutez ce bout de scène.

ALICE. — Qu'est-ce que vous savez faire ? Racontez-le moi.

COSTARD. — Ce que je sais faire ?

ALICE. — Oui. Vos talents. Votre valeur intellectuelle. Savez-vous monter à cheval, mais j'entends monter, là... en monsieur tout à fait ?

COSTARD. — Oui. Je peux dire que je monte en monsieur tout à fait.

ALICE. — Moi aussi. Savez-vous patiner ?

COSTARD. — Parbleu !

ALICE. — Moi aussi. Ecrire ?

COSTARD. — Ecrire ?

ALICE. — En patinant ? Moi je trace avec mon patin tous les signes du zodiaque.

COSTARD. — Ah ! je n'en suis pas encore si loin.

ALICE. — Tant pis. Savez-vous dessiner ?

COSTARD. — J'ai fait des nez à Louis-le-Grand, autrefois. Ils étaient très mous, mes nez. Ils manquaient de cartilages.

ALICE. — C'est peu. Et peindre ?

COSTARD. — Je ne sais pas non plus. Les couleurs, ça salit, c'est malpropre. Ça ne fait un peu d'effet qu'une fois sur les tableaux.

ALICE. — Nager ?

COSTARD. — Oui.

ALICE. — Danser, je ne vous en parle pas, vous devez bien danser. L'escrime ?

COSTARD. — Oh ! ça, l'escrime ! De premier ordre. Pardon, si j'ai l'air de me vanter. Mais de premier ordre.

ALICE — Nous ferons des assauts, nous ti rons ensemble.

COSTARD. — Tant que vous voudrez.

ALICE. — Savez-vous conduire ?

COSTARD. — Comme Phaéton : à deux, en tamden, à quatre... On n'a qu'à parler.

ALICE. — Etes-vous musicien ?

COSTARD. — Pas pour un bémol. Et cependant j'adore les ballets. Expliquez ça ! Mais je vomis tous les instruments, excepté un seul.

ALICE. — Lequel ?

COSTARD. — La trompe.

ALICE. — Et la lecture ? Aimez-vous lire ?

COSTARD. — Quelquefois. Quand je suis malade.

ALICE. — Votre auteur préféré ?

COSTARD. — J'en ai pas. Ils me rasent tous.

A présent, écoutons Alice.

COSTARD. — A votre tour, maintenant que vous me connaissez à fond. Répondez-moi. Etes-vous très mondaine ?

ALICE. — Si c'est sortir tous les soirs, oui. Mais je ne tiens pas à passer les nuits.

COSTARD. — Coquette ?

ALICE. — Naturellement.

COSTARD. — Modeste.

ALICE. — Non. Le violet ne me va pas.

COSTARD. — Sentimentale ?

ALICE. — Guère. Est-ce que ça vous contrarie ?

COSTARD. — Ça me va beaucoup. Etes-vous gaie ?

ALICE. — Toujours. Par hygiène.

COSTARD. — Bon caractère ?

ALICE. — Je n'en sais rien.

COSTARD. — Quoi encore ?

ALICE. — Je vais finir toute seule. Je suis sceptique, méfiante, sournoise, vindicative, un grand fonds de sécheresse et de belle santé. Je me moque de tout, du qu'en dira-t-on et de moi-même. Je ne suis pas une caline et une berceuse, non... j'aime mieux vous avertir... je suis... Je suis une camarade en culotte... je pédale ma vie... Il y a tant d'années à courir pour accomplir ce qui s'appelle une existence... Couvrons-les vite et filons !

Costard. — Bravo ! Vous êtes nouveau jeu.

Alice. — Nouveau jeu ?

Costard. — Oui. Pas vieux jeu, pas globe à pendule. Vous êtes la femme qu'il me faut.

On le voit, Costard et Alice sont des héros d'aujourd'hui. Tous deux professent un mépris sportif de tout ce qui est intellectuel : ce sont des précurseurs.

Le Nouveau Jeu eut tant de succès qu'on en réclama la suite. Ce fut le *Vieux Marcheur*. C'est l'histoire du beau-père de Costard, le sénateur Labosse qui, veuf et bien consolé, habite avec Pauline, une petite cocotte, qu'il lache pour Léontine, une jeune institutrice.

Léontine a son brevet supérieur et elle vient d'être nommée directrice d'un lycée de jeunes filles aux Tourniquets. Les Tourniquets sont une bourgade perdue en Indre-et-Loire, dont Pauline questionnée répond sans hésitation que le chef-lieu est Melun.

Léontine donne à Pauline, qui n'est instruite qu'en amour, des leçons d'orthographe, de géographie et de belles manières. Pauline qui soupe tous les soirs, qui est la maîtresse d'un vieux monsieur, de quelques messieurs moins vieux et qui n'aime personne, n'a qu'une seule ambition : dormir seule. Ce n'est pas exactement l'ambition de Léontine. Celle-ci rêve à l'amour et à la fête et l'idée que se fait une institutrice en 1899 de l'amour et de la fête à Paris est bien savoureuse.

« L'amour, dit Léontine, j'y rêve parfois, — malgré moi, — au milieu d'une analyse logique. Je sais que c'est une petitesse, mais ça me rend nerveuse. Les toilettes, les bouquets, les bijoux, les ombrelles claires comme des abat-jour, les équipages avec une fleur à la tête des chevaux, les soupers en cabinet particulier avec un Espagnol qui joue du piano et puis le champagne, son nom qu'on écrit sur les glaces, les bals masqués, Monaco, Trouville... Ah ! il doit y avoir dans tout cela des ivresses que l'arithmétique, la grammaire et même la guerre de Cent ans sont impuissantes...

PAULINE. — Ben oui... Vous, ça

vous paraît gentil parce que c'est la veille au soir...

LEONTINE. — Je comprends. Mais vous, il y a le lendemain matin...

PAULINE. — Voilà.

Il ne faudrait pas croire, cependant, que l'ambition suprême de Léontine soit de faire la fête. Il y a quelque chose de plus beau à ses yeux, et c'est le mariage. Elle s'écrie :

— La bourgeoisie rangée, classe sociale, il n'y a rien au-dessus : c'est l'arc de triomphe !

Ce vieux fêtard de père Labosse est un bien brave homme. A la fin de la pièce, il adopte une petite orpheline, et pas du tout comme Arnolphe adoptant Agnès âgée de quatre ans, dans le dessein secret de l'épouser quand elle en aura quinze. Plus avisé, il épouse l'institutrice

Léontine, lui offrant ainsi l'arc de triomphe.

Peu d'écrivains ont produit une œuvre aussi complexe que celle de M. Henri Lavedan. Que l'auteur de *La Haute* soit devenu le magnifique romancier de *M. Vincent, aumônier des Galères*, que l'auteur du *Vieux Marcheur* soit également l'auteur du *Duel* ou de *Catherine*, cela semble à première vue paradoxal, mais *Catherine*, chez Lavedan, c'est en quelque sorte le remords de sa vie parisienne. Lavedan a toujours eu un goût profond, un goût qui ressemble à un acte de contrition, pour la vie de province : les jeunes filles pures, les bonnes grand'mères, les vieux prêtres indulgents, tout ce qui représente la vie familiale traditionnelle. Il éprouve aussi un respect admiratif et attendri pour les existences humbles et leur héroïsme discret. Mais tout cela est-il si loin de son théâtre de la vie parisienne ? Je ne le pense pas, puisque ses viveurs eux-mêmes se repentent.

Car tous les fêtards de Lavedan se rachètent. Nous nous y attendions un peu. Je crois comprendre pourquoi. Paris, du temps de la jeunesse de Lavedan, n'était point le Paris que nous connaissons. Ce qui devait charmer les jeunes noctambules d'alors, ce n'était point seulement la gaieté uniquement française des cafés qu'ils fréquentaient, c'était aussi le contraste entre la rue et le cabaret, le silence nocturne succédant brusquement au tapage de la fête. Que l'on se rappelle ce petit tableau de Forain, pris devant le cercle de la rue Royale, là où il se trouvait à ce moment, dominant la place de la Concorde. On y voit la place déserte ; seul, un petit coupé de cercle avec sa lanterne rouge, c'est tout. Pas d'équipage, pas de foule, pas d'autos, bien entendu. L'on avait Paris pour soi.

Il y a dans les pièces de Lavedan, dans ses dialogues, il y a ces impressions-là. Un ciel étoilé, au sortir du bouge, et toute la pureté du matin. — de cinq heures du matin ! — après les valses au champagne. Le balayeur dans l'aube croisait le fêtard au pardessus relevé, un peu honteux de sa cravate blanche et de son chapeau de soie, l'un qui symbolisait sans y penser le jour et le travail, et l'autre qui personnifiait la nuit attardée.

C'était une charmante époque pour se coucher tard. Au printemps, la place de la Concorde sentait bon les marronniers des Champs-Elysées. L'on pouvait rêver sans risquer d'être écrasé. Lorsque l'on faisait la fête, on rentrait le cœur plein de fraîcheur. Aujourd'hui, l'on rentre en taxi, par sens unique, dans une odeur d'essence : c'est évidemment moins exaltant.

Aussi les fêtards de Lavedan, — bien que lui-même les jugeât sans indulgence, — gardent-ils tous dans l'âme un petit coin d'idéal. Ils croient au vice, mais ils sont candides ; ils recherchent le plaisir, mais ils rêvent à l'amour. A leur manière, ce sont des poètes. Ils doivent peut-être cet état de grâce à tant de belles nuits pleines d'étoiles. Ce n'est pas impunément que pendant toute sa vie on rentre chez soi aussi tard !

***

Capus est très différent de Lavedan, parce que je ne suis pas très sûr que Capus ait été ce que l'on peut appeler un artiste, et il est très différent de Donnay parce que Capus n'est pas un poète. C'est un philosophe, c'est un très grand moraliste et mieux encore : c'est un Sage. Mais comme il avait prodigieusement d'esprit, l'on ne s'en aperçut pas tout de suite.

Capus, c'est un petit-fils de Montaigne. Il est tellement intelligent qu'il ne parvient pas à être sévère. Au lieu de se fâcher, il hausse un peu les épaules. Il est désabusé, exact et souriant, et tout cela le rend paisible.

Il a trop le goût des idées pour prendre les faits bien au sérieux, les faits lui servent de commentaires. L'on a souvent dit que son œuvre est optimiste, et c'est vrai que sa bonne humeur préparait les bons dénouements. Mais il était trop lucide pour y croire : c'était une manière de les conseiller.

Personne n'a observé la réalité avec plus d'exactitude et ne l'a traduite avec plus de fantaisie. Il aimait la vérité ; il ne la déguisait jamais, seulement, il la racontait et la vérité aussitôt devenait ingénieuse comme une fable.

Comme M. Maurice Donnay, il avait fait des études d'ingénieur. Il était passé par l'Ecole des Mines et en avait gardé le goût de la précision, de l'analyse et comme un besoin de clarté.

Il était un peu fataliste, c'était par modestie. Il ne croyait pas uniquement à l'effort de l'homme, il croyait plutôt à la chance dans l'effort. En cela, il était bien de cette Provence facile et dorée où il est né et où il a vécu son enfance.

Il croyait à la veine, c'était sa manière familière de croire à la providence. Il connut des difficultés d'argent, mais il ne s'en impatienta jamais. « Paris, disait-il, finit toujours par nous nourrir, seulement quelquefois il n'y pense pas : alors, il faut attendre. »

Capus ne nous a guère donné de comédies de mœurs mondaines. Presque toutes ses pièces sont des études de l'argent, mais des études toutes parisiennes de l'argent, ou si l'on préfère des études de l'argent parisien. Il y a chez lui, comme chez Donnay, comme chez Lavedan, la méfiance de l'argent. Les grands industriels, les grands hommes d'affaires, les grands financiers leur inspirent à tous trois une certaine inquiétude. C'est d'ailleurs très particulier à une époque. Dans toute la fin du XIXe siècle, les auteurs dramatiques et les romanciers se piquaient de mépriser l'argent et les hommes d'affaires, que ce soit dans la *Douloureuse*, dans les *Affaires sont les Affaires*, dans *Brignol et sa fille* ou dans le *Prince d'Aurec*. C'est une antipathie assez latine.

La religion catholique n'encourage pas aux richesses. Elle propose à nos buts et à notre salut la pauvreté, l'humilité, le sacrifice. Mais pour les Américains, — et nous nous américanisons — l'homme agréable à Dieu a le devoir de s'enrichir : en Amérique, être milliardaire c'est en somme être vertueux. C'est peut-être pour cela que tant d'Américains sont disposés à le devenir. Jamais un mot comme celui de Dumas : « Les affaires, c'est l'argent des autres » n'aurait de succès en Angleterre ou en Amérique, où les affaires, c'est l'argent de tout le monde, parce que sans doute, là-bas, tout le monde peut se défendre.

Mais les hommes d'affaires de Capus sont très spéciaux. Capus a créé le type du filou chimérique, encore plus visionnaire qu'escroc et qui, à force d'inconscience, obtient de nous son acquittement. Ses personnages ne sont pas immoraux, parce qu'ils ne savent pas du tout ce que c'est que la morale. Capus, d'un de ses héros, déclare : « C'est un homme vague qui commet des actions vagues. » Ses financiers aiment les affaires, mais l'on n'est pas très sûr qu'ils aiment l'argent ; d'ailleurs, ils font presque tous de mauvaises affaires.

— Jamais, déclare à son beau-frère, le héros de *Brignol et sa fille*, jamais tu n'obtiendras de moi que je m'inquiète de l'avenir : je pense à des choses plus positives.

Les personnages de Capus ne convoitent pas l'argent, ils sont à la recherche de l'or : ce sont des alchimistes. Candides, malhonnêtes et généreux, ils nous apparaissent à la fois avides et désintéressés. C'est qu'ils sont insouciants. Ce sont peut-être des poètes, des poètes qui se sont trompés de métier.

Capus croit à l'amour, mais avec modération. Dans ses pièces, l'amour n'y est jamais une difficulté de plus. Il ne bouleverse pas la vie des gens, il la facilite. L'on voit qu'il ne s'agit point ici de passion. Capus n'a pas pour l'amour la reconnaissance d'un homme. qui en a souffert mais l'indulgence de quelqu'un qui lui doit des heures agréables. Capus, qui n'était pas lyrique, n'avait aucune raison d'aimer la douleur. C'est lui qui, arrivé à l'âge de quarante ans, s'écriait : « Me voici à l'âge d'être aimé. » Il estimait que c'était son tour.

Il ne confond pas le bonheur et l'amour. Il ne confond jamais rien. « Ce qui est grave dans un ménage, écrit-il, c'est que l'un des deux époux aime et que l'autre n'aime pas. Mais s'ils ne s'aiment ni l'un ni l'autre, ils peuvent être très heureux. »

Il convient que l'amour, c'est souvent une bêtise, mais une bêtise qui porte bonheur. Probablement, devait-il se dire : du moment que cela fait tellement plaisir, il faut bien que cela ait un sens !

Dans *Rosine*, le père de Georges dit à son fils et à la maîtresse du jeune homme, tous deux sur le point de partir vivre ensemble à Paris : « Mes enfants, vous allez probablement faire une bêtise, faites-la néanmoins. Après tout, il y a des gens heureux pour avoir dans leur vie fait des bêtises avec décision. »

Capus ne se fait pas d'illusion sur l'union libre. Il ne s'en fait pas davantage sur les unions régulières. « Tant d'époux, a-t-il écrit, ne sont séparés que par le mariage. »

Il ne se fait pas d'illusion non plus sur le bonheur. Il ne se fait d'illusion sur rien. Mais cette lucidité même le consolait. N'est-ce pas lui qui a écrit : « Les gens trop heureux sont comme les voleurs de profession ils finissent toujours par être pincés » ?

L'homme était incomparable. Je revois son sourire perspicace à travers le brouillard de ses incessantes cigarettes et cette façon nonchalante qu'il avait d'énoncer des formules définitives. On prenait ses boutades pour des paradoxes, mais ses amis ne s'y trompaient pas.

M. Maurice Donnay, le recevant sous la Coupole, lui disait : « C'est par votre esprit que s'exprime votre philosophie et plus d'une réplique de vos personnages est comme un rideau tiré brusquement et qui permet d'apercevoir un paysage de bon sens et de sagesse. »

Il était bon, mais comme tous ses personnages il ne le faisait pas exprès. Il y a un mot de lui qui le résume : « Le bonheur fait avec la douleur des autres n'est pas durable. »

Oui, c'était un Sage. Sa vie fut parfois difficile, souvent douloureuse. Il n'avait gardé de ses épreuves aucune amertume. Il était courageux aussi et ce philosophe ironique et parfois désenchanté cachait une âme ardente et une réelle énergie. On l'a bien vu pendant la guerre. Dans ces tragiques années, grandi, vigoureux et souvent prophétique, c'est lui, qui nous était apparu comme sceptique, c'est lui qui, dans ses articles du

Figaro nous enseignait à croire. On s'aperçut alors avec émotion et avec respect que cet auteur dramatique, que ce Parisien ironique était, comme beaucoup de Parisiens de son temps, un très grand Français.

****

M. Henri Duvernois, dans un charmant livre sur M. Maurice Donnay, raconte que lorsque l'auteur d'*Amants* était tout petit, il fit avec ses parents son premier voyage en chemin de fer : Paris-Bois-Colombes. Dans le train, il posa à son père tant de questions sur les locomotives, leur construction, leur vitesse, qu'un voisin, émerveillé par la précocité de l'enfant et séduit aussi par la grâce de la mère, s'écria : « Ah ! Madame, permettez-moi de vous le prédire : votre fils sera plus tard un ingénieur distingué ! »

Cette phrase fatale décida de sa vocation, tout au moins dans l'esprit du père. En effet M. Donnay étant lui-même un ingénieur fort distingué ne souhaita rien de mieux que de voir son fils suivre cette carrière.

On mit le jeune homme interne au lycée de Vanves. Il y fut très malheureux. Les poètes sont toujours très malheureux au collège. C'est même à cela qu'on y reconnaît les poètes :

> On voit, dans les sombres écoles,
> Des petits qui pleurent toujours... »

Généralement, ce sont de mauvais élèves. Ils ont le sentiment qu'ils apprennent tellement plus de choses, quand ils n'apprennent pas ! C'est quand ils sont distraits qu'ils travaillent : un arbre dans une cour de lycée, un arbre au printemps ou à l'automne, dont les bourgeons poussent ou dont les feuilles se dorent... voilà un grand livre à lire.

Le bruit de la rue, même quand c'est la rue de Vanves, la lecture d'un roman, le premier battement du cœur, tout cela enseigne au petit poète tant de merveilles. Plus qu'un autre aussi, il a besoin de tendresse et surtout de féminité. A cet âge heureux de l'enfance, il a déjà besoin qu'on le console. Ses petits camarades ne le comprennent pas et le raillent. Précoce, il apprend son destin : la solitude.

Au sortir du collège, le jeune Donnay, admis à Centrale, dut y affronter de sévères mathématiques. Cette âme pleine de fantaisie et de rêve obligée à du calcul intégral, quelle contrainte! Enfin, nanti de son diplôme, il entra dans une fabrique de machines-outils que dirigeait son père, passa ensuite chez des constructeurs de charpentes en fer — une âme dans un laminoir!

Peut-être son meilleur jour fut-il celui où on l'envoya prendre des mesures sur les toits des Folies-Bergères. Que ce détail me ravit : le Poète sur le toit!

Il fut ensuite le secrétaire de Jacques Saint-Cère et c'est dans ce milieu qu'il rencontra pour la première fois le Paris de la Vie Parisienne. Jusque-là Donnay n'avait pas vécu. C'était en vain qu'il avait vingt ans.

C'est en 1887 ou 1888 que Maurice Donnay débuta au Chat Noir et que commença véritablement sa vie de jeune homme.

M. Maurice Donnay raconte volontiers, avec cette simplicité qui, chez lui, a tant de grâce, qu'à ce moment-là il ne faisait guère plus d'un repas par jour, et cependant ce n'était pas par manque d'appétit. Il était pauvre, très pauvre, il en tire aujourd'hui une légitime fierté. « C'est pour cela, me disait-il un jour, que j'étais si mince ; vraiment, j'aurais dû continuer jusque vers quarante ans ! » Sa silhouette de cette époque est restée célèbre. L'on se souvient de la description qu'en faisait Jules Lemaître :

« Je vois toujours Maurice Donnay avec son visage ambré, les cheveux bleus, les yeux noirs et doux, les lèvres bonnes sous la moustache tombante, la voix caressante et paresseuse. Tel un mandarin annamite... »

Il avait énormément de cheveux, — il a gardé tous ses cheveux, — et il avait l'air plus jeune que son âge. Il a continué. Seulement, l'âge qu'il avait alors, il ne l'avouait pas. Il estimait que *Quatorze-Juillet* ou *Ta Gorge* n'étaient un bagage suffisant que pour un très jeune homme. Mais au fur et à mesure que paraissaient ses pièces ou ses livres, il se vieillissait de deux ou trois ans : à *Lysistrata*, il déclara vingt-six ans ; à *Pension de Famille*, vingt-huit et enfin, quand parut *Amants*, il déclara qu'il avait trente-quatre ans : il estimait que l'auteur d'*Amants* avait le droit d'avouer son âge.

L'on a dit de Maurice Donnay qu'il était un poète du Chat Noir. C'est absurde. Maurice Donnay est un poète qui a passé par le Chat Noir. Cela n'a aucun rapport. Maurice Donnay est un poète tout simplement. Il est vrai qu'il est un poète un peu spécial, un poète à la manière de Musset ou de Meilhac, un poète qui sourit. De là le malentendu, les poètes qui sourient étant extrêmement rares. L'on ne s'écrie pas forcément en voyant quelqu'un d'épanoui : « Qu'il a l'air gai : ce doit être un poète! » C'est même généralement le contraire. Un poète est triste par définition et se doit, nous semble-t-il, de ne chanter que la douleur.

Si M. Maurice Donnay est un poète qui sourit, c'est aussi un poète qui observe. Il est distrait, cela va de soi, mais il est lucide. Il a même une qualité que l'on rencontre rarement chez les poètes : il est exact. C'est un poète qui a passé par l'Ecole Centrale. Mais, en dépit de son talent et de ses dons d'auteur dramatique, il ne serait pas le poète qu'il est, s'il ne se trahissait à travers ses héros. Les pièces des poètes sont toujours un peu des confessions. Elles nous apprennent quel est, aux yeux des auteurs, l'âge de l'amour et, pour les écrivains, l'âge de l'amour c'est l'âge qu'ils ont au moment où ils écrivent leurs pièces. Aussi lorsqu'ils composent, comme Alfred de Musset, leur théâtre à l'âge de vingt ans, leurs héros juvéniles s'appellent Fantasio, Perdican, Fortunio. Si, comme M. Maurice Donnay, ils ne commencent à faire du théâtre que lorsque, très jeunes encore, ils sont pourtant des hommes, leurs héros ont trente ou trente-cinq ans, comme Vétheuil d'*Amants*, comme Freydières de l'*Autre Danger*, comme Philippe de la *Chasse à l'Homme*, comme Lauberthie de la *Douloureuse*.

Donc, les héros de Donnay ont trente ans, ils ont trente ans, et ils continuent. Donnay me disait un jour : « Mes héros vieillissent avec moi. » Le plus drôle, c'est qu'il le croit. Mais ses héros n'ont pas pris un jour depuis la première d'*Amants*. Les poètes ne vieillissent pas, il n'y a rien à faire. Je crois même qu'il y a des jours où cela les ennuie un peu.

L'amoureux, dans le théâtre de Donnay, est le plus souvent un célibataire, en âge d'être marié, mais qui n'a jamais envie que d'épouser la femme d'un autre... Il est tendre, spirituel et intransigeant et volontiers il appellerait un honnête femme celle qui ne trompe son mari qu'avec lui.

Le mari a d'ailleurs tous les torts. L'épouse fait figure de victime : elle n'est pas résignée, elle est incomprise. « Il y a tant de femmes, écrit Maurice Donnay qui, au lendemain même du mariage, sont veuves du mari qu'elles s'étaient imaginé. » Donnay a fait école. Dans presque toutes les pièces de la fin du siècle dernier, les femmes trompent leurs maris. C'est l'heure de l'amant. Elle a sonné pendant plus de vingt ans. Dès le lever du rideau, le sort du mari est réglé. Toute la question est de savoir à quel moment de la pièce sa femme le trompera ou le trompera de nouveau. L'amant est le plus souvent le camarade du mari, mais n'est pas son ami. Le sentiment de l'amitié n'a guère été exploité dans le théâtre de la Vie Parisienne. Les femmes non plus n'y ont pas d'amies, encore qu'entre elles, elles soient démonstratives. Elles n'éprouvent pas le besoin d'avoir des confidentes : Cela ne nous surprend guère : on le sait, les femmes ont toujours des secrets à se dire, mais elles ne se confient jamais rien.

Donc, le sauveur, c'est l'amant et le bourreau, le mari. Dans la *Douloureuse*, le mari, — un assez vilain mari et même un très vilain monsieur, — répare ses torts à la fin du premier acte. Il les répare même d'une façon définitive : il se tue. Cela arrange tout et permet à sa femme de murmurer au second acte à son amant : « Ah ! mon amour, pour un blonde comme moi, un grand deuil sans chagrin, c'est le rêve ! »

Ce que nous aimons chez Maurice Donnay... Mon Dieu, que cette phrase est difficile à continuer. Nous aimons en lui tant d'êtres différents. A première vue, ils paraissent contradictoires, mais je ne sais pas comment M. Donnay s'arrange, tous ces Maurice Donnay s'entendent très bien et cependant cela ne doit pas être commode. Il y a en lui un Parisien et un homme des bois, un sceptique et un croyant, un fantaisiste et un homme grave, un cœur douloureux et un esprit gai. C'est un sentimental qui, lorsqu'il a du chagrin, sourit pour que cela ne se voie pas trop, un tendre qui nous fait rire quand il a envie de pleurer, un pessimiste qui aurait de l'amertume s'il n'avait autant de fantaisie. Il a écrit des comédies satiriques comme *Paraître* ; des comédies de mœurs comme la *Douloureuse*, qui est une étude sur la jalousie du passé ; comme la *Chasse à l'Homme* et la *Reprise*, des pièces qui, pour la première fois au théâtre, marquent l'évolution de la jeune fille ; il a écrit avec Lucien Descaves, un grand auteur dramatique lui aussi, des pièces sociales comme *Oiseaux de Passage* ou *La Clairière* ; il a écrit *Lysistrata*, une comédie funambulesque qui met en scène des Parisiens de l'antiquité ; *Education de Prince* dont Jules Lemaître disait : « Le sujet est celui de Télémaque, mais je dois dire que les idées de M. Maurice Donnay, ses personnages, sa morale, son style et son esprit diffèrent notablement de ceux de l'archevêque de Cambrai. » Il a écrit l'*Autre Danger* et le *Retour de Jérusalem* ; il a écrit bien d'autres pièces, mais surtout il a écrit une pièce qui nous est chère, la tendre histoire déchirante de Vétheuil et de Claudine : *Amants*.

J'assistais dernièrement à un dîner d'hommes et l'on y parlait de femmes. L'on parle toujours de femmes à un dîner d'hommes, c'est même sa seule excuse. — Mais au dîner en question, l'on avait invité une jolie dame et elle présidait. Au dessert, allumant une cigarette et nous regardant avec un sourire malicieux, elle nous demanda quels étaient les prénoms de femmes que nous préférions ;

question bien indiscrète, car c'était une manière de nous demander quels étaient les prénoms des femmes que nous avions aimées. Chacun de nous alors offrit en pâture à la curiosité de ses voisins quelques prénoms qui pour les autres n'avaient pas de visages, mais qui représentaient pour lui des mois ou des années de bonheur.

— Et vous, Monsieur ? dit la dame au plus jeune d'entre nous et qui n'avait pas encore parlé.

— Mon Dieu, Madame, répondait-il, j'ai eu moi aussi quelques prénoms dans ma vie, mais celui que je préfère n'est qu'un prénom de théâtre. J'en suis tombé amoureux à une représentation d'*Amants*.

— Quel est ce prénom ? lui demanda-t-on.

Et il répondit :

— C'est Claudine.

Je ne pense pas que l'on ait jamais adressé à un auteur dramatique un plus joli compliment.

Amants n'est pas vraiment de la vie parisienne et Jules Lemaître comparaît la pièce à Bérénice, mais c'est de la vie parisienne tout de même. Cette pièce ardente et légère, spirituelle et frémissante, profonde et discrète, pleine de sourires et pleine de larmes, cette pièce-là ne pourrait pas se passer en province et encore moins à l'étranger. Il y a des parfums qui ne voyagent pas. L'on pourrait jouer *Amants* sans décors : l'intuition du public les rétablirait. Les adieux de Vétheuil et de Claudine ont beau avoir lieu en Italie, à Palanza, ces adieux ont l'accent de la Vie Parisienne. *Amants* n'est pas qu'une date dans l'histoire du théâtre c'est une date dans l'histoire de notre sensibilité. Nous n'étions pas les mêmes après la première d'*Amants*, ou après la première fois que nous vîmes *Amants* — ce qui est tout pareil. Il y a des pièces que l'on voit et puis des pièces que l'on s'ajoute. *Amants*, ce n'est pas seulement la jeunesse de Donnay, c'est toute notre jeunesse.

Je crois même que la manière dont on lui parle d'*Amants* doit agacer un peu Maurice Donnay. On lui en parle comme d'une pièce qui ne serait pas uniquement à lui, et c'est vrai qu'elle est un peu à tout le monde. Le plaisir et l'émotion de toute une génération, de plusieurs générations la revendiquent. *Amants*, c'est beaucoup mieux qu'une pièce : c'est un souvenir !

Parlant du Lavedan du *Nouveau Jeu* et du *Vieux Marcheur* du Capus de la *Veine* et des *Deux Ecoles*, du Donnay d'*Education de Prince* et d'*Amants*, à la veille d'évoquer les auteurs du *Roi*, de l'*Habit Vert* et du *Bois Sacré*, comment ne pas rendre hommage à l'artiste incomparable, à l'inspiratrice attendrie et gaie de toutes ces pièces éblouissantes? Mlle Jeanne Granier nous apparaît comme la muse même de ces comédies désormais classiques, auxquelles sa grâce, son esprit et son rire ajoutaient une sorte de bonheur.

Au cours de cette étude, nous avons pu entrevoir que depuis Meilhac le théâtre de la Vie Parisienne a singulièrement évolué.

Les femmes y apportent à tromper leurs époux une application et un entrain dont, jusque là, les maris avaient jalousement gardé le monopole. Certaines de ces pièces négligent même de marier leurs héros, mais elles ne nous proposent pas l'union libre. Ce ne sont que des unions irrégulières. Le mariage, comme dit Léontine, demeure toujours « l'arc de triomphe. »

L'on sent, cependant, que les auteurs préfèrent parfois un bonheur en marge à certaines unions légitimes, dont la respectabilité lézardée ne se maintient que par le mensonge.

Les courtisanes, elles aussi, ont évolué, mais dans un sens bien imprévu : elles ont acquis une respectabilité. Quelques-unes, que l'on appelait les femmes entretenues, et qui étaient à la fois moins dans le train et plus gratin que les cocottes — dire que ce mot a existé! — composaient une espèce de société bourgeoise. Donnay, qui les met en scène dans *Amants*, nous les montre élevant chrétiennement leurs enfants, avec le désir de demeurer honnêtes, c'est-à- dire enfin tranquilles. Elles éprouvent un tel respect du lien conjugal, possèdent un tel sentiment de la famille que c'est elles qui, dans les bras de leurs amants mariés, prennent le parti des femmes légitimes.

Ce n'est pas dans un sens aussi louable qu'ont évolué les jeunes filles. Sans être encore les cavalières libérées de la *Reprise* et de la *Chasse à l'Homme*, qui sont deux pièces d'après-guerre, ce ne sont plus des femmes en projet : ce sont des femmes.

Elles ont cessé d'être des abstractions, elles sont même singulièrement concrètes. Elles sont averties, décidées, pratiques. Elles ont un caractère, un cœur, une volonté. Leur règne commence, leur règne, avec hélas! tous les inconvénients du pouvoir. Les belles pièces inquiétantes d'Henri Bataille ne les ménagent plus et même les déclassent. Ce ne sont plus des vierges, ce sont les *Vierges Folles* et M. Marcel-Prévost, pour sauver leur blanc troupeau contaminé, écrit cette pièce forte et courageuse : *les Demi-vierges.*

Tout ce théâtre se circonscrit dans une époque que l'on pourrait appeler : d'une guerre à l'autre, et ce théâtre si gai ne respire pas toujours le bonheur. Peut-être les poètes ont-ils cette prescience de discerner les catastrophes avant qu'elles ne se produisent ? Elles ne furent, hélas! que trop réelles.

Aussi ce théâtre est-il assombri par des préoccupations sociales : il pressent une sourde anarchie qui monte lentement et qui menace.

Même Flers et Caillavet qui, volontairement, s'écartent de tout ce qui les pourrait attrister, dénoncent ces craquements dans leurs pièces satiriques. Mais ils les dénoncent en riant, et, probablement, sans y croire. Le climat confiant de leurs comédies forme avec l'atmosphère inquiète de la jeunesse actuelle un contraste presque douloureux et leurs pièces éblouissantes sont le suprême sourire de la vie Parisienne.

III

Y A-T-IL ENCORE UNE VIE PARISIENNE ?

M. Boni de Castellane raconte dans ses souvenirs qu'ayant loué le Tir aux Pigeons pour y donner une fête et ayant commandé quatre-vingt mille lanternes vénitiennes destinées à illuminer le bois de Boulogne, il alla, avec le Prince de Sagan, son oncle, trouver le président du Conseil Municipal de Paris, afin d'obtenir un détachement de gardes à cheval pour surveiller ce soir-là le Bois.

Comme le président du Conseil municipal demandait, un peu irrité, à M. de Sagan, quel était le but de la fête, celui-ci, ajustant son monocle, répondit :

— Cette fête sera donnée, Monsieur, pour le plaisir, répétant trois fois, avec une insistance impertinente : pour le plaisir, pour le plaisir, pour le plaisir.

Et M. de Castellane nous apprend que le président du Conseil Municipal, atterré par cette volonté de plaisir, accorda tout ce que l'on voulut.

Cette anecdote, lorsqu'on se la rappelle aujourd'hui, laisse rêveurs. Mais à l'époque de la jeunesse de Flers et Caillavet, où l'on prenait au sérieux le visage du plaisir, elle ne surprenait personne et ces deux auteurs surtout devaient la trouver naturelle. C'est que Flers et Caillavet, à l'âge de leurs débuts, vivaient dans un monde qui était, à proprement parler, le monde et où les rumeurs de l'évolution sociale ne parvenaient que tamisées. Ils ont eu une jeunesse si heureuse et tous deux se sentaient de telles dispositions pour le bonheur que leur souci le plus réel fut tout de suite de rassurer leur public et de l'amuser. C'était chez eux comme un devoir d'hommes du monde et presque de maîtres de maison. Leur œuvre n'est pas seulement exquise, elle est bien élevée. Leurs pièces recevaient. Tous les soirs, pendant quinze ans, leurs invités en sortirent ravis. Cela ne manquait pas d'exaspérer quelques confrères et même quelques amis qui leur disaient : « Ecrivez donc des pièces sérieuses. Vous valez mieux que des amuseurs. Ne cherchez donc pas toujours le succès. N'hésitez pas à être ennuyeux. L'on vous en saura gré. »

Ils n'essayaient pas ; ils avaient raison. L'ennui est un don. Ils n'avaient pas ce don-là. On ne peut pas tout avoir !...

Longtemps, j'ai cru, — je l'ai même écrit, — que Flers et Caillavet s'étaient rencontrés dans le salon de Mme de Caillavet, l'égérie d'Anatole France. Je me suis trompé. Ils se sont vus pour la première fois vers l'âge de huit à dix ans et ont fait connaissance aux Champs-Élysées, à l'endroit précis où, un demi-siècle plus tôt, s'élevait le théâtre hangar du prestidigitateur Lacaze, baptisé depuis Bouffes-Parisiens, et où Halévy et Offenbach avaient débuté. Ils se sont rencontrés à la Bourse aux Timbres. Là, le jeune Robert et le jeune Gaston, tous deux accompagnés de leurs gouvernantes, s'étaient arrêtés, éblouis, devant six timbres du Pérou que le marchand ne voulait pas détailler. Le tout coûtait une somme qui leur paraissait considérable : huit francs. Mais Gaston n'ayant sur lui que trois francs soixante-quinze et Robert quatre francs vingt-cinq, ils restaient là, devant le trésor convoité, avec leur monnaie insuffisante. Ils s'abordèrent avec la gravité des enfants.

— Monsieur, dit le jeune Flers, on pourrait peut-être, en mettant notre argent en commun, acheter ces six timbres. On les partagerait après.

— Bonne idée, Monsieur, répondit le jeune Caillavet. Mais je vous préviens que je n'ai que trois francs soixante-quinze.

— Cela ne fait rien, répondit le

jeune Flers, vous me devrez vingt-cinq centimes. Et il ajouta : comme dette, vingt-cinq centimes, ce n'est pas le Pérou !

On le voit, la collaboration commençait.

Caillavet ne devait avoir l'occasion de rendre ces vingt-cinq centimes à Flers que quinze ans plus tard.

L'on jouait alors beaucoup la comédie chez la mère de Gaston, dans ses salons de l'avenue Hoche. L'étoile de la jeune troupe était Mlle Jeanne Pouquet, qui plus tard devait devenir Mme Gaston de Caillavet et reprendre avec le grand talent que l'on sait, au bénéfice d'œuvres charitables, dans le *Bois Sacré*, et dans l'*Habit Vert*, les rôles qu'avait créés Mlle Jeanne Granier. Mais Gaston était un médiocre acteur et l'on avait décidé qu'il se bornerait désormais à mettre les pièces en scène. L'on manquait de jeune premier. Un jeune homme, au spirituel sourire et aux tendres yeux noirs, qui faisait alors son service militaire et qui, nonchalant et rieur, assistait à ces répétitions, amoureux, lui aussi, du charme et de la beauté de Mlle Pouquet, proposa à Caillavet un acteur mondain dont l'esprit et le talent étaient déjà connus. Cet acteur jouait régulièrement la comédie chez Mme Aubernon et aussi chez Mme de Saint-Victor. Le jeune homme qui faisait cette proposition, c'était Marcel Proust. Le comédien en question était Robert de Flers.

Ainsi, c'est dans la comédie mondaine que Flers et Caillavet débutèrent, devant un public qui était l'élite élégante de Paris. Parfois même, tandis que l'on répétait dans un vrai théâtre une opérette ou une comédie des deux jeunes collaborateurs, la troupe brillante du salon de l'avenue Hoche l'apprenait sous les yeux amusés d'Anatole France. Tout cela explique que leur premier souci fut de divertir et lorsqu'ils décidèrent de « Meilhachalévyser », ce fut tout naturellement par une opérette qu'ils débutèrent, rallumant ainsi à trente-sept ans de distance, au fronton des Bouffes-Parisiens, les scintillants flambeaux de la Vie Parisienne. Cette œuvre de début fut les *Travaux d'Hercule*, dont la musique était de ce délicieux et funambulesque Claude Terrasse. Déjà l'on découvrait, à travers le feu d'artifice des mots, cet esprit acéré, cette ironie batailleuse qui laissaient présager les grands auteurs satiriques du *Roi*, du *Bois Sacré* et de l'*Habit Vert*.

Que de soirées heureuses nous devons à ce théâtre attendri et étincelant! Que d'exquis visages nous y avons rencontrés... A côté d'un frou-froutant bataillon de gentilles mais imprudentes jeunes femmes, des jeunes femmes qui tournent mal, voici la troupe rose des jeunes filles effrontées mais sages, des jeunes filles qui tournent bien. Chacune d'elles s'éprend généralement d'un jeune homme qui ne l'aime pas tout de suite, parce qu'il croit aimer ailleurs, mais quand il se trompe ainsi c'est presque toujours avec une jeune femme mariée dont il compromet le bonheur, ou avec une petite actrice ou une cocotte qui compromettent le sien. De sorte que, victorieuses au troisième acte, les jeunes filles, dans ce clair théâtre, jouent un peu le rôle que les courtisanes jouent dans les pièces de Lavedan : elles assurent la sécurité des familles.

Nos petits neveux reliront le théâtre de Flers et Caillavet lorsqu'ils voudront s'imprégner de la brillante et subtile atmosphère que dégageaient la vie parisienne et le boulevard dans leur été de la Saint-Martin. En feuilletant ces pièces heureuses, ils tomberont peut-être amoureux un instant d'une de ces belles dames qui se piquaient d'être fin de siècle. Lasses de se promener au ralenti et ivres de nouveauté, toutes, engoncées dans des peaux de bique, le visage protégé d'un masque, les yeux gardés par d'énormes lunettes, se hâtaient, quittant un siècle pour un autre, de sauter de leurs défuntes victorias dans d'anachroniques automobiles. Ils y retrouveront aussi les cavaliers de l'époque : les viveurs, les cercleux, les hommes d'épée, les hommes de course et même des hommes politiques, depuis le réactionnaire intransigeant et ironique jusqu'au ministre socialiste qui apprend, à l'école d'une sociétaire de la Comédie Française, à se servir d'une lime à ongles. Sans doute, parcourant ce théâtre, discerneront-ils le va et vient qui déjà mêle les classes sociales, ces ascensions trop rapides, suivies de chutes plus soudaines encore, cette confusion et, si je puis dire, ce décalage qui annoncent notre Tout Paris d'aujourd'hui. Ainsi, dans *le Roi*, cette petite actrice, devenue la femme d'un politicien important et qui, parce qu'elle a couché avec le roi de Sardaigne, non seulement assure à la France un traité avantageux, mais procure à son mari un portefeuille. Presque toujours, dans ces pièces heureuses, l'adultère des femmes sert la gloire de l'époux trompé et augmente le prestige de la famille.

Si l'on eut raison de dire que Flers et Caillavet continuaient le théâtre de Meilhac et Halévy, personne n'a pu soutenir qu'ils l'imitaient. Les auteurs du *Roi*, avions-nous l'occasion d'écrire dernièrement ¹ sont plus satiriques que ceux de la *Belle Hélène*, mais moins funambulesques ; plus malicieux que les auteurs de la

---

1. *Le Souvenir de Robert de Flers.*

Petite Marquise, mais moins féroces. Ils sont aussi moins détachés. Dans leurs pièces qui ont cette grâce de n'être jamais à thèse, l'on sent pourtant qu'ils prennent parti, soucieux, sinon de morale, du moins d'une certaine justice. Dans Meilhac et Halévy, rien de pareil, et si la morale n'y est point heurtée, c'est que la bonté y trouve son compte.

Mais à mieux regarder, une différence plus foncière sépare ces deux théâtres. S'ils communient dans trois des plus belles qualités françaises : le bon goût, la fantaisie et l'esprit, ils n'en sont pas moins aux deux pôles de la sensibilité. Ils ont entre eux un abîme : la souffrance. En effet, Meilhac et Halévy, en dépit de leurs grelots, sont des auteurs pessimistes, tandis que Flers et Caillavet en dépit de leur persiflage, sont des auteurs optimistes. L'ironie des uns est amère, l'ironie des autres est gouailleuse. De sorte, qu'un peu crispé, le sourire de Meilhac et Halévy a souvent envie de pleurer, tandis que le sourire de Flers et Caillavet a toujours envie de rire.

Avec leur dernière pièce, les auteurs du *Bois Sacré* semblèrent s'ouvrir une voie nouvelle. Un accent plus profond bouleversa ce public qu'ils avaient si souvent amusé ou attendri et, le soir de la générale de *Monsieur Brotonneau*, Flers et Caillavet, connurent, au faîte de leur glorieuse carrière, une victoire qu'ils n'avaient pas encore remportée.

Lorsque l'on relit ce théâtre, l'on s'aperçoit, — bien que Caillavet, mort précocement, soit notre contemporain, et que ce soit hier seulement que Robert de Flers nous ait quittés, — l'on s'aperçoit que ces deux auteurs témoignent d'un optimisme et d'une gaieté qui ne faisaient que surprendre agréablement au siècle où ils ont vécu, mais qui seraient presque incompréhensibles dans une pièce d'aujourd'hui, à moins qu'il ne s'agisse d'un vaudeveille. Leur allégresse ne fait plus partie de la vérité, de notre vérité. Les premiers problèmes qui se posent à nous ne sont pas des problèmes d'amour et notre préoccupation principale n'est plus de nous distraire. Dans notre pays si cruellement éprouvé par la guerre, un grand désenchantement a envahi la jeunesse. Bien des grands mots auxquels nous croyions, elle les a remis en question. Pour nous-mêmes, ce mot si clair de victoire, qui sonnait jadis avec de magnifiques carillons, maintenant que nous avons perdu tant d'êtres chers et aussi tant d'illusions, sonne parfois avec des glas.

La longue et sanglante parenthèse de la guerre pourrait s'intituler pour ceux qui y ont survécu : « Quand le dormeur s'éveillera. »

En vain, nous nous rappelons les belles paroles réconfortantes et nécessaires que M. Maurice Paléologue prononçait sous la Coupole ; en vain, nous évoquons avec lui la magnifique vision de la France agrandie et victorieuse, ayant retrouvé toute son « audience » dans le monde. Nous sommes comme ces convalescents qui n'ont pas ouvert leur fenêtre et qui n'osent pas croire à leur guérison,

C'est qu'autour de nous, la vie s'est transformée, dans ses conditions matérielles comme dans ses conditions morales, et Paris est différent lui aussi. Les hommes de ma géneration ont aimé Paris comme une femme, une femme qui vous déçoit parfois, qui vous fait du chagrin, qui vous trompe même, mais qu'à cause de tout cela l'on aime peut-être davantage. Encore trop jeunes ou encore trop pauvres, la vie de Paris nous consolait de tout, même de ne pouvoir la mener. Son seul spectacle était un enchantement. La mythologie nous raconte que chaque fois qu'Antée touchait terre, il y puisait une vigueur nouvelle. Ainsi retour de voyage, lorsque nous regagnions Paris, un élan nouveau nous exaltait. Il n'en est pas de même des jeunes, ils n'aiment plus Paris. La vie y est trop dure pour eux, son rythme trépidant, trop mécanique.

— Paris, déclare Marcel à Mme Litty, dans la *Traversée de Paris à la nage*, la si originale pièce de M. Stève Passeur, Paris, c'est gris, c'est sale, c'est grand, c'est rempli de malheureux qui passent leurs journées à timbrer les noms de trois cent mille oisifs sur des carnets de chèques.

Madame Litty. — Vous êtes à Paris depuis quand ?

— Depuis quatre mois.

— Mais vous aimez beaucoup Paris, je suppose ?

— Ah ! pas du tout.

L'on retrouve chez presque tous les jeunes auteurs ce malaise devant Paris, cette angoisse oppressée, cette plainte des hommes broyés par la civilisation.

— Vous ressemblez, s'écrie Ixe dans *Têtes de rechange*, la curieuse pièce de M. Jean Victor Pellerin, vous ressemblez à des centaines de millions d'individus spécialisés à outrance et pour qui l'univers se réduit à un établi, une table à écrire, un bilan, une boîte à sardines, une boîte de spectacle. Vous êtes bien pis qu'un imbécile. Vous tendez à l'automatisme absolu. Vous n'avez déjà plus rien d'humain. Demain, Monsieur, vous serez une machine.

Encore dans *Têtes de rechange*, Ixe s'écrie :

— Ce bureau toujours le même, même cadre, même atmosphère, mêmes employés, mêmes clients, même patron aussi...

Son oncle. — Tu veux rire ?

Ixe. — Rire ? Si tu crois que je n'en ai pas plein le dos! Suer une vie... on appelle ça vivre. Enfin!...

Ces plaintes ne sont pas nouvelles ; écoutez celle-ci :

« Les artisans de toutes sortes qui manient le ciseau ont-ils plus de repos que le paysan? Même la nuit, leur maison est éclairée et ils veillent. Quand le tailleur de pierres a fini d'exécuter ses commandes et que ses mains sont lasses, se repose-t-il? Il faut qu'il soit au chantier dès le lever du soleil, même quand il a les genoux et l'échine rompus. Tous, afin de pouvoir manger, afin de pouvoir s'étendre, quêtent, de quartier en quartier, leurs pratiques et se sur-mènent, les yeux battus de fatigue, jusqu'à prendre leur travail en horreur. Et combien d'autres sont plus misérables encore, et dont la santé est celle d'un poisson crevé!... »

De qui est ce cri douloureux? De Pagnol, de Nivoix, de Bernard Zimmer, de Stève Passeur? Non. Il date de plus de quatre mille ans. Il fut traduit en hiéroglyphes sur une feuille de papyrus par un poète qui vivait à Thèbes, au temps de Ramsès et d'Assourbanipal.

Plaintes éternelles! Elles sont la rançon des civilisations successives. C'est la tragédie de la grande ville, de toutes ces immenses et implacables fourmilières, c'est la tragédie du progrès et c'est la tragédie de Paris.

« Les Atrides sont à refaire, s'écrie M. Brieux, dans la noble préface qui s'ouvre comme un portique sur son théâtre complet. Nous gonflerons d'émotion les cœurs de nos contemporains en les rendant témoins de la lutte des hommes contre les tyrans d'aujourd'hui, contre le despotisme de l'argent, en leur montrant les combats livrés aux puissances néfastes, issues du nouvel état de civilisation et que la civilisation vaincra après les avoir créées. »

Et jamais, cependant, dans Paris la jeunesse ne fut plus favorisée : les maisons d'édition, les théâtres, les salons de peinture, les salles de concert, tout cela aujourd'hui est-ouvert, est accessible aux jeunes ; les prix littéraires se sont multipliés. Le cas tragique d'un Georges Bizet, mourant de chagrin devant ses œuvres incomprises, le cas d'un Musset réduit à attendre quinze ans que

Mme Allan rapporte de Saint-Péters-
bourg, dans son manchon, le manus-
crit de *Un Caprice*, le cas d'un Bau-
delaire longtemps méconnu, le cas
pathétique de tant de peintres qui
ne connurent qu'après leur maturité
les premiers sourires de la gloire, tous
ces cas-là sont anachroniques. Etre
jeune est devenu un titre à notre attention presque respectueuse et, pourtant, tous ces avantages ne semblent
pas apporter aux jeunes de la douceur.

Cependant, ils leur ont apporté une
extraordinaire assurance.

Je connais un jeune homme qui
est bien gentil et fort sportif, et qui
s'intitule un disciple de M. de
Montherlant, mais c'est parce qu'il
joue au football. Je l'ai rencontré
dernièrement et lui ai dit :

— Qu'est-ce que vous faites en ce moment ?

Il me répondit :

— J'hésite, je cherche un métier. Je crois l'avoir trouvé.

— Bravo ! m'écriai-je. Lequel ?

— Les lettres. Je vais publier un roman.

Je le regardai interloqué .

— Oui, continua-t-il, il y a la femme de l'éditeur X que je connais beaucoup. Elle est très à la page. Elle m'a dit : « Faites un roman, je vous le ferai publier. »

— Et alors ? lui demandai-je.

— Eh bien, alors, me répondit-il, c'est facile. Je n'ai plus qu'à écrire le roman.

En dépit de leur assurance, de l'hygiène et du sport, en dépit même de tant d'heureux débouchés, les jeunes gens actuels demeurent à fond de tristesse. C'est que la vie leur est amère, difficile. C'est surtout que, dans leur capitale, les jeunes Français ne se sentent plus chez eux. Les étrangers sont trop nombreux ; nous les avions, ils nous ont eus. C'est la loi moderne, la loi démocratique, la loi du plus grand nombre. Ils ont débarqué chez nous, s'y sont installés avec leurs idées, leurs mœurs, leurs habitudes, leur esthétique, leur philosophie, leurs affaires, leur musique, leurs danses et leurs cocktails. Ils retrouvent à Paris tout ce qui leur plaît chez eux, plus la table, plus les vins de France, plus une atmosphère légère et libre qu'ils ne sont pas parvenus encore à balayer, et plus quelquefois les femmes...

Il n'y a plus de vie parisienne, ou

plutôt ce ne sont plus les Parisiens qui la mènent. La vie parisienne aujourd'hui, c'est la vie que les étrangers mènent à Paris. Ils sont les seuls qui en aient les moyens et l'on n'a pas toujours envie de les imiter.

Le Boulevard est mort, mort pour nous, mais c'est pour cette raison, — car ce sont les étrangers qui l'ont tué, — qu'il n'est pas mort pour eux. Cela est si vrai qu'il paraît tous les mois à Paris une revue, assez bien faite et fort achalandée, qui s'appelle *Le Boulevardier*. A la vérité, cette revue parisienne qui est publiée en anglais par des Américains ne s'appelle pas exactement *Le Boulevardier*, mais *The Boulevardier* et se prononce *The Boulevardiar !*

Les étrangers s'amusent encore

dans notre ville, mais ce n'est plus de notre plaisir à nous, c'est de leur plaisir à eux. Pour tout dire la vie parisienne est devenue une colonie. Et ce qu'il y a de plus troublant, c'est que cette colonie est consentante. Chaque soir, notre jeunesse, dans le Paris nocturne dont son âge ne peut se passer, applaudit à travers les spectacles, les films, les jazz, une gaieté véritable, la gaieté d'un peuple neuf, mais une gaieté étrangère. N'étant pas encore en état de secréter de la joie, d'inventer du plaisir, elle adopte ces films, ces pièces, ces musiques, qui sont loin de satisfaire sa sensibilité ; mais, en attendant, elle s'en contente, peut-être avec une inconsciente amertume. Elle aime mieux cela, à choisir, que nos distractions d'avant-guerre qu'elle déclare périmées. Mais n'est-ce pas notre sentiment à nous-mêmes ? La vie parisienne, si on la ressuscitait aujourd'hui, dépayserait ceux-là mêmes qui la regrettent. Dès lors comment ne pas excuser un jeune Français s'il se croit plus proche d'un Américain de son âge que de certains Français d'avant-guerre ?

Enfin, il est une autre cause du découragement psychologique actuel, c'est l'inquiétude qui semble avoir envahi la jeunesse. Qui disait jeunesse jadis disait insouciance. Les jeunes gens n'ont plus les moyens d'être insouciants. Ils ne sont peut-être pas plus sages que nous ne l'étions ; ils sont, à coup sûr, plus raisonnables. La vie pour eux n'est plus un mirage. La question d'argent, voilà qui prime tout. Préoccupés,

ils n'ont plus d'illusions et ne
veulent plus en avoir. L'illusion est
pour eux un traquenard ou, pis
encore, une faiblesse. Ils sont pratiques, ils y sont obligés et leurs
projets sont des projets d'affaires.
Ils n'ont plus d'esprit ; ils ne
cherchent pas à en avoir. L'esprit
est un luxe. Ils vont au plus pressé.
Ils luttent contre leur sensibilité. Ils
en ont peur. A l'âge où nous avions
l'ambition de la douleur, ils forment
le rêve d'être prudents à la suite
d'on ne sait quelles secrètes meur-
trissures.

Ils n'ont pas pour idéal d'être
bons. Ils ont pour idéal d'être forts.
S'ils cultivent le sport, c'est par goût,
sans doute, mais aussi par une secrète
défense de l'organisme. Ils aiment les
femmes, mais ils n'y croient pas. Ils

les connaissent trop bien, ils les connaissent avant de les aimer. Nous, nous avons tous connu des femmes à nos dépens. Eux commencent par être leurs camarades. Ils ne les traitent plus comme des êtres faibles, mais comme des êtres à peine différents. Les femmes sont leurs compagnons de jeux, de sport, de danse, de flirt, et parfois, dans bien des carrières, leurs rivaux.

J'assistai l'autre jour à la petite scène suivante.

C'était dans le salon d'un grand hebdomadaire illustré. Trois jeunes gens attendaient, un dessin sous le bras. Survint une jeune femme. La sonnette retentit.

— Le premier de ces messieurs, annonça avec méthode un huissier.

La jeune femme se leva. Elle portait, elle aussi, sous le bras, un dessin.

— Vous n'êtes pas le premier de ces messieurs, protesta un jeune homme.

— Je suis femme.

— Vous apportez un dessin ?

— Oui.

— Moi aussi. Alors, chacun son tour.

Et il passa.

Quittant le journal, l'un des jeunes gens que je connaissais, prenant le parti de son camarade, me dit :

— Il a bien fait, ce garçon. Elle gagne sa vie, mais lui aussi.

Réfléchissant un instant, il ajouta :

— Et puis, voyez-vous, la politesse, ça n'épate plus personne, au contraire.

— Comment, au contraire, m'écriai-je, déconcerté.

— Ben oui, répliqua-t-il, aujour-
d'hui, quand on est trop poli, on
passe tout de suite pour un type
d'avant-guerre !

Aussi bien l'éclat de rire qui, au
cinéma, accueille les films d'avant-
guerre est-il symptômatique. Quand
apparaît sur l'écran, à côté du jeune
premier empressé, impertinent et
protecteur, la jeune première aux
yeux baissés, confuse ou orgueilleuse,
indignée ou farouche, tout le public,
si j'ose dire, les cueille. C'est que les
films d'avant-guerre ne projettent pas
que des modes désuètes, ils projettent des sentiments qui n'ont plus
cours.

Les hommes ont-ils donc tellement
changé ? Non, ce sont les femmes,

Ce sont les femmes qui ont fait la révolution, les femmes et les jeunes filles.

Celles-ci ont, chez nous, pendant près de deux mille ans, attendu leur libération. Le mariage était leur seule carrière. Il représentait pour elles, avec l'unique occasion de s'évader de leurs tendres prisons familiales, le seul moyen de s'affranchir, la seule façon de s'affirmer. Sous ce rapport, l'ancien régime a survécu jusqu'à la fin du siècle dernier, et même jus-qu'à la guerre.

Mais lorsque, après l'effroyable hétacombe, à tant d'autres crises s'est ajoutée la crise du mari, lorsque les jeunes filles n'eurent même plus la ressource, comme jadis, au temps d'Henry Bataille, de se dire : je vais opter pour l'union libre, parce qu'il n'y avait personne pour la leur proposer, il a bien fallu qu'elles se débrouillent. Elles n'y ont pas manqué. Elles étaient toutes préparées.

Déjà leurs sœurs anglo-saxonnes, qui débarquaient chez nous comme infirmières, leur apprenaient une indépendance dont les jeunes filles américaines et anglaises jouissent depuis près d'un demi-siècle. Dans le même temps, beaucoup de femmes se découvraient capables d'autre chose que de tenir un ménage. Jeunes filles comprimées ou jeunes femmes reléguées s'épanouissaient, dans cette atmosphère nouvelle, comme ces fleurs pressées qu'on nous envoie du midi qui, tant elles sont aplaties, ont l'air de fleurs artificielles : un peu d'air et un peu d'eau, les voici devenues de vrais œillets ou de vraies roses, avec parfois de vraies épines... Les femmes, ainsi libérées, apprirent à ne compter que sur elles-mêmes. Les emplois que, momentanément, elles avaient assumés, pour remplacer les hommes prisonniers, tués ou simplement sous les drapeaux, ces emplois, la guerre finie, beaucoup ne voulurent point s'en dessaisir. Souvent, à dire vrai, elles ne le pouvaient plus. Comment et de quoi eussent-elles vécu ?

Une amertume alors envahit les hommes dont l'esprit, avant la guerre, était déjà formé et la carrière déjà faite, ou tout au moins commencée. Rentrés après cinq ans de glorieuses épreuves, ils comptaient, non seulement sur les situations qu'ils avaient occupées, mais encore, à leurs foyers, sur l'admiration qu'ils méritaient et sur une soumission dont ils avaient l'habitude. Souvent ils ne retrouvaient rien de tout cela. L'on se souvient de ces années du retour. Les premières ivresses, les premières effusions passées, l'on se rappelle les drames intimes qui divisèrent tant de foyers, ces malentendus, ces tristes disputes, ces divorces, toutes ces douloureuses catastrophes conjugales.

Mais les hommes des jeunes classes, ceux qui avaient sauté du collège dans la guerre, se réengageaient dans la vie civile avec des yeux neufs et des esprits plus consentants. Ceux-là, manquant de points de comparaison, acceptaient l'indépendance nouvelle des femmes, l'admettaient comme un fait acquis. Ils songeaient d'autant moins à la discuter qu'au contact de leurs camarades anglo-saxons ils avaient appris, eux aussi, une conception nouvelle de la vie. Au reste, leurs frères cadets eurent tôt fait de les mettre à la page, eux qui, cinq ans durant à demi-orphelins, avaient poussé en liberté. Les conversations ne se réfrénaient pas alors devant les enfants, les dialogues anxieux révélaient tout : l'ivresse la plus optimiste, le désespoir le moins justifié, et tout cela dans la même heure. Les enfants pouvaient suivre, de leurs regards précoces, les fluctuations d'espoir ou de détresse, de découragement ou d'enthousiasme, qui déferlaient sur la France comme des vagues. Leur sensibilité, trop tôt mise à l'épreuve, s'émoussait au profit de leur intelligence. A l'âge où l'on n'est encore qu'illusions, ils avaient déjà de l'expérience.

Surtout ils entendaient chaque jour vanter autour d'eux des vertus si sympathiques à l'enfance, et que l'enseignement des écoles ne leur proposait pas. Leurs pères, quotidiennement, en faisaient la preuve, surpris parfois de la fournir. Ce n'étaient plus les mots que l'on nous avait enseignés à nous : application, travail, sagesse, docilité, politesse, douceur, bonté, pardon, mais d'autres mots que, de notre temps, l'on semblait avoir désappris : décision, cran, énergie, force, ténacité, audace, combat. Ces mots-là, ils les retenaient, y trouvant comme un écho de leurs jeux. Parfois aussi, dans les conversations, sonnait ce beau mot de sacrifice, mais ce mot-là, pour les enfants comme pour les hommes, est plus difficile à retenir. Tous avaient l'impression, quelles que fussent leurs jeunes inquiétudes, qu'autour d'eux, avec ces tanks, ces avions, ces dirigeables, ces mitrailleuses, l'on jouait à un jeu féroce, où celui qui a raison c'est le plus fort.

Ces enfants ont aujourd'hui vingt-cinq ans. Il ne faut pas blâmer cette jeunesse si elle nous apparaît un peu sèche : elle a été à une rude école.

Ce qui est vrai pour les garçons est vrai pour les filles. Les femmes d'aujourd'hui, les enfants d'alors, ont grandi dans cette atmosphère exaltante et desséchante à la fois. Ils y ont appris un sentiment nouveau chez nous : celui de la beauté masculine.

Filles et garçons admiraient, entre deux permissions, la beauté de ces héros clairs, leurs frères aînés, aviateurs, cavaliers, fantassins, qui portaient avec une grâce vigoureuse la belle livrée bleue de la France. Un autre sentiment électrisait les enfants : celui de l'importance de la jeunesse — et pour les enfants, la jeunesse c'est tout l'avenir ! Ils étaient, ces guerriers adolescents, à l'ordre du jour. Les journaux, l'écran, reproduisaient leurs traits et leurs exploits. A peine plus âgés qu'eux-mêmes, ces garçons enviables étaient déjà, grâce à leur énergie et leur courage, célèbres. Un Guynemer, un Nungesser rayonnaient, héros de cette tragédie féerique. C'est la guerre qui, en France, a réhabilité la beauté virile, a affranchi les femmes et a rendu la jeunesse consciente de ses droits.

Nous voilà bien loin de la Vie Parisienne !

***

L'amour n'a rien à gagner aux révolutions, et l'égalité des sexes en est une. Les femmes s'en rendent compte et quelques-unes constatent avec regret cette faillite. Dans *Je t'attendais*, la jolie pièce de M. Jacques Natanson, Colette, qui n'est pourtant pas une sentimentale, dit à Jean qu'elle vient de rencontrer et à qui elle compte bien se donner le soir même ou, à la rigueur, le lendemain, Colette lui dit :

— Il y a des jours de découragement où l'on aime reposer sa tête sur une épaule. N'est-ce pas, des bouches, des yeux, des cheveux à caresser, ça se trouve...

Jean. — Mais l'épaule est rare ?

Colette. — Ne riez pas ! Oui, elle est rare, l'épaule solide et douce et qui n'a pas peur des crampes...

Mais d'autres femmes acceptent cette impuissance d'aimer, qui n'est pas celle du désir et qui leur épargne tous les orages de la passion. Elles sont moins heureuses, elles sont plus satisfaites ; c'est comme les cheveux courts : c'est peut-être moins joli que les cheveux longs, c'est plus commode.

S'il faut en croire les jeunes auteurs, — j'excepte ce délicieux Marcel Achard et aussi Giraudoux, l'amour, « la vraie amour », comme dit la chanson est plutôt rare. L'amour qui engage la vie tout entière, est une responsabilité, non seulement une responsabilité morale, mais aussi une responsabilité matérielle. Les jeunes hommes hésitent à l'assumer. Ils ne sont plus aidés par ce qui nous exaltait : le sentiment de la protection et aussi l'attrait du mystère. Le sport a supprimé la pudeur physique, la camaraderie a supprimé le mystère des âmes, les couturiers ont supprimé le mystère des corps. Les couples ne sont plus soulevés que par le désir. Ils sont nus l'un devant l'autre comme des êtres primitifs. Cela est bien pauvre : là où il n'y a plus que ce qui est, il ne reste plus grand chose !

Aussi, les sentiments qui ont le plus souffert de l'après-guerre, sont la tendresse, la pudeur et l'illusion.

Une femme pudique, autrefois,

c'était un exemple. Aujourd'hui, il paraît que c'est une raseuse. Il y a longtemps que la pudeur physique s'est évaporée aux bains de soleil, et quant à la pudeur morale, il n'en est plus question. Il en est de même de la pudeur des jeunes filles, faite naguère d'ignorance, de timidité et de réserve. Lorsque, par un matin d'été, sur une plage élégante, l'on enjambe les corps étendus des filles et des garçons qui brunissent au soleil, et quand on songe que *Paul et Virginie* a été un roman à la mode, l'on demeure confondu.

Ce roman a fait pleurer d'attendrissement nos grands-mères. Virginie, au milieu de la tempête où sombrait le bateau qui la ramenait à Paul, et sur le point d'être sauvée par un matelot « nerveux et nu, » le repoussa avec dignité et préféra se noyer plutôt que de paraître dévêtue aux yeux des hommes d'équipage.

Nous ne sommes évidemment plus « du côté de chez Virginie ! »

Mais nos jeunes filles à la page n'en sont pas moins des jeunes filles. Ce sont d'autres jeunes filles, voilà tout. Elles ne sont pas moins chastes, elles sont plus renseignées ; elles ne sont pas gardées comme elles l'étaient, mais elles se gardent davantage. Elles n'ont plus toutes les curiosités de l'ignorance : elles savent et se méfient. Parfois même, l'on se demande si ce que nous croyons être une décadence n'est pas une sorte de progrès et si la femme de demain ne souriera pas avec un peu de pitié en songeant à la femme d'avant-hier.

Qui sait, si dans la manière familière, sans-gêne, avec laquelle les garçons parlent aux filles aujourd'hui, il n'entre pas tout de même une certaine estime, l'estime que l'on se porte à soi-même ? On ment beaucoup moins aux femmes qu'autrefois. C'est peut-être parce qu'on ne les aime plus autant ; c'est, à coup sûr, parce qu'on les respecte davantage. Les marques extérieures de respect ne sont pas toujours les véritables, et la galanterie, à tout prendre, n'a été souvent qu'un moyen de faire passer la muscade.

Pour ma part, il n'est pas de siècle que je préfère au XVIIIe siècle! Il semble que ce soit la fleur de l'esprit français. Il a fallu dix siècles de culture pour le produire. Le théâtre de Marivaux, lui aussi, m'enchante.

Mais, tout de même, quelle brutalité se cache sous tant d'exquis raffinement! J'ai relu dernièrement l'*Epreuve*. L'on se souvient du sujet : le héros pour éprouver celle qu'il aime, lui envoie, avec mission de lui faire la cour, son valet de chambre déguisé en homme du monde. Eh bien, que l'on imagine aujourd'hui quelqu'un d'entre nous en faisant autant : il passerait, à juste titre, pour le dernier des goujats. Cependant les procédés dont usait Valmont, dans les *Liaisons dangereuses*, paraissaient à cette époque presque normaux.

C'est qu'au temps jadis les sexes étaient à ce point ennemis que toutes les ruses semblaient bonnes et toutes les armes licites, voire les plus empoisonnées. Les vocables d'amour eux-mêmes y dégagaient comme une odeur de guerre. On disait : « Une conquête, un bourreau des cœurs, une victime, un roué, un conquérant... » Toute pitié, toute délicatesse étaient abolies, lorsqu'il s'agissait de séduire. Il n'y avait de code d'honneur qu'entre hommes. Pour les femmes, pas de merci : elles n'avaient qu'à se défendre.

Les femmes, à présent, de la défensive ont passé à l'attaque. Elles ne se contentent pas de vouloir nous ressembler physiquement — ce qui, entre nous soit dit, est une drôle d'idée ! — il ne leur suffit pas, avec leurs silhouettes un peu sèches et leurs cheveux courts, d'évoquer de jeunes garçons sportifs : elles entendent, moralement aussi, nous imiter et, lasses de jouer un rôle qui ne comporte que des répliques, nous devancer en amour.

Dans *Je t'attendais*, qui, décidément, est une pièce symptômatique, ce rôle, elles le jouent même aussi bien que nous.

Colette a aperçu Jean pour la première fois de sa vie dans la matinée et le rencontre le soir dans un bar. Jean, qui a eu le coup de foudre, s'arrange pour faire sortir le barman, prend momentanément sa place et Colette, en face de lui, juchée sur un haut tabouret, lui déclare entre deux gorgées de cocktail :

COLETTE. — J'ai envie de vous.

JEAN. — Pardon ?

COLETTE. — J'ai envie de vous. On ne vous avait pas encore dit ça ?

JEAN. — Si, mais en écho.

COLETTE. — Je rêvais de le dire

la première. On ne m'en a jamais laissé le temps.

JEAN. — Vous avez quand même bien fait de vous dépêcher.

COLETTE. — Je vous plais?

Jean se penche et l'embrasse par-dessus le bar.

JEAN. — La scène du balcon.

Dans *Têtes de rechange*, lui et elle se sont rencontrés dans un stade.

LUI. — Tu es très jolie.

ELLE. — Je ne casse rien.

LUI. — Et rudement bien faite!

ELLE. — Ah! pour ça...

LUI. — Quel âge?

ELLE. — Vingt et un. Et toi?

LUI. — Vingt-trois. Il n'y a pas à dire, tu me reviens.

(Il la presse contre lui). Quelque chose comme bras!

ELLE, *faisant le geste de ramer.* — L'aviron. Ce soir, qu'est-ce qu'on fait ?

LUI. — Bouffer d'abord.

ELLE. — Sûr, mais, hein, pas d'erreur, chacun pour soi. On partage les frais.

LUI, *haussant les épaules.* — Est-ce que je t'ai invitée ?

ELLE. — Tu es un frère ! *(le retenant une seconde).* Ecoute un peu... après, pas chez toi !

LUI. — Hein, tu cales !

ELLE. — Idiot.

LUI. — Pas chez moi ?

ELLE. — Non, à l'hôtel. C'est plus neutre, on évite les souvenirs.

LUI. — T'as raison, j'ai horreur des souvenirs.

ELLE. — Moi aussi, ça paralyse.

LUI. — Eh bien, c'est entendu, ma petite... Au fait ?...

ELLE. — Jeanne. Et toi?
LUI. — Paul.

Qui est Elle et qui est Colette? Des courtisanes? Non. On l'a vu, les courtisanes ont disparu. Leur classe est devenue à ce point respectable qu'elle s'est fondue dans la bourgeoisie. De jeunes actrices? Non plus. L'on ne découvre plus aujourd'hui, parmi les femmes de théâtre, ces indulgentes demoiselles de compagnie dont la présence flatteuse compromettait, en l'embellissant, la jeunesse ou la vieillesse des habitués du boulevard. Toutes les actrices sont mariées maintenant. Les coulisses sont devenues l'un des derniers remparts de la famille.

Non, Colette est une femme libre, sinon entretenue, du moins aidée,

par un monsieur d'autrefois c'est-à-
dire un « type d'avant-guerre ». Les
types d'après-guerre ne risquent pas
de se ruiner pour les femmes. Quand
ils dépensent leur argent, c'est au
poker, aux courses, dans les autos
ou parfois même, hélas! pour des
drogues. Enfin, ils ne font plus de
bêtises pour les femmes : ils font des
bêtises pour eux, et M. Henry Bor-
deaux ne pourrait plus écrire aujour-
d'hui cette boutade : « Il faut donner
jeune de l'argent aux femmes, c'est
un moyen de ne pas s'apercevoir
que l'on vieillit. »

Quant à Elle, dans la pièce de Pellerin, qui est-ce? On ne le sait pas.
Ou plutôt on le sait : c'est une poule.
Le fait qu'elle ne soit pas mieux dési-
gnée par l'auteur le prouve. Poule,
c'est un vocable qui est bien de notre

temps. Il s'applique à toutes les conditions sociales. Il ne déclasse pas celles qu'il désigne ; il ne les surclasse pas non plus : il les délimite dans le temps. Une poule, c'est une femme qui a de seize à trente-neuf ans, qui est jolie ou à peu près, en tout cas désirable, et avec laquelle il y a quelque chose à faire. Il y a les poules et il y a les femmes. Les femmes, c'est plus littéraire.

On le conçoit, l'atmosphère que l'on respire auprès des poules, pour distrayante qu'elle puisse être, n'est pas particulièrement exaltante. Elles-mêmes n'exigent pas que l'amour leur présente un visage trop grave. Ce sont des petites femmes qui ne sont ni compliquées, ni difficiles, et dont le plus grand mérite est d'être à la page. Ce ne sont pas des maîtresses, ce sont des petits copains, des petits copains qui n'ont rien à vous refuser.

Aussi bien, à cause de ce sentiment nouveau de la beauté masculine, les jeunes hommes, lorsqu'ils obtiennent des faveurs féminines, estiment qu'ils sont à jour. Ils considèrent que le don de la femme est une expression qui fait partie du vieux répertoire. Ils ne tiennent pas à ce que les femmes se donnent, ils aiment mieux qu'elles se prêtent. Il y a des cadeaux si encombrants ! Le don de la femme, cela signifie les enfants qu'il faut élever, nourrir et l'âme sœur qu'il faut habiller.

Il y a bien, dira-t-on, l'endroit de la médaille : la compagne qui vous aide, l'amie, la camarade qui travaille, mais ces ménages d'associés ne sont plus tels qu'ils étaient jadis, où la femme, dans une ombre discrète, collaborait aux efforts de l'homme. Ici, chacun gagne sa vie et c'est chacun pour soi. L'important est de ne rien se devoir et de ne pas se gêner mutuellement.

— Rien de plus irritant, s'écrie Gérard dans *Eve toute nue*, la très intéressante pièce de M. Paul Nivoix, rien de plus irritant qu'une femme lorsqu'elle s'est donnée... Cette excessive évaluation du don qu'elle croit nous avoir fait, alors qu'il y a réciprocité... quelle fâcheuse habitude! En échange, il nous faut promettre fidélité, amour éternel... C'est déprimant!

Mais écoutons un peu plus loin la diatribe de Gérard et voyons-le se débattre comme une mouche prise à la toile.

— Vous n'avez aucune qualité... Vous n'avez qu'un instinct... celui de nous asservir... La femme! Voilà la catastrophe la plus redoutable dont l'homme fut toujours menacé. Heureusement, des temps nouveaux sont venus. Votre prétendue faiblesse n'est plus triomphante. Nous vous accordons seulement l'attention que l'on prête à un amusement qui n'a même pas le mérite de la nouveauté... Oh! je sais bien! vous n'avez pas encore renoncé. Comprenant le péril, la plupart d'entre vous usent d'un artifice nouveau. Vous jouez à l'homme. Ruse suprême pour tromper l'adversaire... Pour mieux nous approcher, vous nous copiez. Vous adoptez nos défauts. Vous avez la prétention de devenir nos camarades. Peine perdue! Malgré vos cheveux courts, votre

poitrine plate et vos hanches droi-
tes, malgré votre indépendance, vous
restez femme, être toujours perfide,
mais désormais inoffensif...! »

On le voit, ce pauvre Gérard est
bien pincé !

Tout ceci ne laisse pas que de nous
troubler un peu... Cette camaraderie,
cette fameuse camaraderie ne serait-
elle donc qu'apparente et retrouverait-
on, par hasard, un cœur de femme
dans les corps de garçonnes et, sous
la couche de glace qui insensibilise
l'âme de la jeunesse actuelle, une
chaleur démodée et une sincérité
d'avant-guerre ?

A mieux regarder l'âpre paysage
du jeune théâtre, ne serait-il pas
possible d'y découvrir des coins enso-
leillés qui nous avaient échappé ?

Relisons le dernier acte de *Je t'attendais*. Colette, qui a dormi à côté de Jean, s'aperçoit au réveil, avec éblouissement, que l'épaule de son ami n'a pas de crampes ? Alors !...

Comment aussi ne constaterions-nous pas, à travers le pessimisme d'un Stève Passeur, d'un Zimmer ou sous les répliques brillantes et féroces d'un Pagnol, une douleur et même une tendresse qui ne veulent pas avouer ?

Qu'est donc le *Maître de son cœur*, de M. Paul Raynal, sinon le conflit cornélien de l'amour et de l'amitié ? Le génie impertinent et la fantaisie schématique d'un Jean Cocteau ne masquent-ils pas, à chaque pièce poétique nouvelle, un visage qui est le visage de l'amour ?

Marcel Achard, ce petit neveu de

Musset, ne ressuscite-t-il pas dans cet adorable *Malbrough s'en va-t-en guerre*, la fraîcheur, l'enthousiasme et le lyrisme d'un Fantasio ? La chaude tristesse sensuelle des pièces de Gantillon n'est-elle pas toute imprégnée d'une sorte de détresse amoureuse ?

D'Edouard Bourdet, le jeune maître de notre théâtre de mœurs, à Jean Sarment, ce psychologue et ce poète, de Léopold Marchand, apôtre désenchanté de la tendresse, au brillant et exquis Jacques Deval, de Denys Amiel, analyste cruel mais tout soulevé de pitié, au subtil et délicat Jean-Jacques Bernard, d'André Lang à Jacques Sindral ou à Pierre Brasseur, observateurs passionnés, tous ces jeunes auteurs, ou ces auteurs jeunes encore, parlent-ils d'autre chose que d'amour ?

Ils le maudissent parfois, cherchent à s'en évader, le nient même, affirmant une indifférence cordiale qui les rassure, mais qui nous éclaire. Sans doute, beaucoup d'entre eux souffrent de cette fameuse impuissance d'aimer, mais qu'est-ce à dire, sinon qu'ils souffrent de n'être pas malheureux ?

Lorsque les jeunes Français traitent les filles comme les boys d'outre-Atlantique traitent les girls, c'est-à-dire avec une amicale brusquerie, faut-il donc en conclure qu'en dépit de la mode et de leur bonne volonté ils n'ont pas encore acquis cette familiarité détachée qui régit en Amérique, nous affirme-ton, les rapports des deux sexes ?

Ce que nous allions prendre pour une crise d'âmes ne serait-elle qu'une crise d'attitude ? On ne serait pas éloigné de le croire, si l'on songe à l'infranchissable frontière qui sépare la mentalité anglo-saxonne de la nôtre. Ce n'est pas en vain que, chez nous, nous traînons des siècles de galanterie et d'analyse amoureuse. Ce n'est pas en vain que la royauté de la femme a marqué de son sceau des siècles de littérature. L'égalité des sexes est chose trop soudaine chez nous pour n'être pas un peu fragile. Vis-à-vis des femmes, nous sommes les parvenus de la camaraderie.

Dans la compagnie de jolies filles, il nous manque, pour ne songer exclusivement qu'au jeu et au sport, l'insouciance et l'allégresse enfantines d'une race mieux entraînée que la nôtre à ne penser à rien.

Voit-on, chez nos amis anglo-saxons, que l'affranchissement de la femme, que la parité des sexes les ait rendus mélancoliques et misogynes et qu'ils aient souffert là-bas de notre déséquilibre et de notre impuissance d'aimer?

Qu'est-ce à dire sinon que cette camaraderie chez eux ne fausse pas l'escrime de l'amour, ne flétrit pas l'illusion? Ah! ce n'est pas eux qui souffrent de s'analyser et qui, dans le moment qu'ils aiment, cherchant à se dédoubler, dissèquent leurs émotions sous des diagnostics.

Là-bas, une certaine vapeur, une certaine rêverie de l'esprit, un goût du vague et de la féérie favorisent le mystère des sexes. Une poésie un peu nuageuse enveloppe l'âme de la camarade et la protège. Les Anglais comme les Américains ne sont pas des cartésiens et, une fois amoureux, ne souhaitent pas être lucides. Pour eux, l'amour n'est pas un problème et l'illusion un malentendu. Ils sont gais, bien portants, passionnés, simples et candides. Ils sont nés pour être des camarades. Mais nous, nous sommes inquiets, lucides, jaloux, emportés, tourmentés et injustes. Nous sommes nés pour être des amants. Il n'y a rien à faire !

Quand on étudie un moment de la sensibilité, surtout de la sensibilité française, il faut se garder de jugements trop absolus. Cette sécheresse de cœur, cette impuissance devant l'amour, cette fatigue de l'enthousiasme, ne sont peut être que superficielles et surtout transitoires.

Les races ne changent pas si vite,

même après une guerre. Crise ? Oui. Un autre monde ? Oui. Une autre âme ? Non.

Déjà des rayons d'espérance dissipent cette nappe de tristesse qui dénote plus de romantisme qu'on ne le croit et qui n'est pas tout à fait de chez nous.

Qui sait même si cette brume n'est pas le brouillard de chaleur qui annonce les jours éclatants ?

Une hirondelle ne fait pas le printemps, dit le proverbe. Ce proverbe-là ne s'applique pas à l'art : les grands artistes sont toujours des faiseurs de printemps.

TABLE

ACHEVÉ D'IMPRIMER
LE 28 JUIN 1929
PAR F. PAILLART A
ABBEVILLE (SOMME)